話芸の達人

西条凡児・浜村淳・上岡龍太郎

戸田学
TODA MANABU

青土社

話芸の達人――西条凡児・浜村淳・上岡龍太郎　目次

第二部　浜村淳の話芸

第三部　上岡龍太郎の話芸

話芸の達人——西条凡児・浜村淳・上岡龍太郎

プロローグ

大阪の一人芸の系譜を考えてみたい。話術についてである。

話芸のジャンルとしては、かつての漫談といった部類に属する。落語ではない。今風にいうとスタンダップ・コメディとでもいうのであろう。

アメリカ本国のアカデミー賞授賞式の中継を見れば分かるように、このジャンルの芸人は司会者としても活躍する。これは日本――というか、関西でも同じ状況であることには変わりはない。

田原総一朗という人がいる。『朝まで生テレビ!』（テレビ朝日系列・昭和六二［一九八七］年四月二五日―）の司会者である。この番組は毎回、居並ぶ十数人の出演者を司会の田原一人で、縦横十文字に発言を促し討論を成立させる。

「そこを問いたい!」「あえて、聞きたい!」「そこ、どう思う?」などと問いただす。あげくの果てには「まったく違う！」「それは間違い！」「そんな曖昧な答えじゃ、ダメ！」「そういう下らないことをいうな！」「どっちだと聞いている！」「うるさい！」と出演者を煽り、追い詰め、終いには「コマーシャル！」と相手の討論をいったん打ち切る。たいていの発言者はCMが流れている間に、その興奮が冷めてしまい、その後の討論は田原の狙うまた新たな展開を見せる。後続の田原司会の『サンデープロジェクト』（テレビ朝日系列・平成元［一九八四］年四月二日—二二［二〇一〇］年三月二八日）も同様。両番組ともむろん生放送である。

この田原の番組進行にかつての司会術を見た。

大久保怜（毎日放送『素人名人会』の審査員として知られた人であるが、往年は司会者としても一世を風靡した）に聞かされたことがある。

「昔はテレビでもラジオでも全部、生やった。生放送というのはね、司会屋の一番の誇りやったんです。まず、二秒ぐらいの差でビシーッと時間に収める」

まさに芸である。しかし、田原総一朗はいわゆる話術者、芸人ではない。あくまでもジャーナリストである。ただ、滋賀県彦根市出身で大きく見れば関西文化圏内の生まれでもある。そこが面白い。

早世した漫才作家の加納健男とは、私は個人的によく話をした。特に印象に残っている言葉がある。彼がもっとも愛した大阪の黄金時代（昭和二〇—五〇年代半ば）の漫才について、彼は「漫才が芸であった時代」と語った。

加納健男のその言葉を思うとき、私は関西には一人芸の分野にも三名人が、ひとつの系譜のように存在したことをあわせて考える。

その三名人とは、これから語ってゆく西条凡児、浜村淳、上岡龍太郎という三人のプロのことである。

第一部　西条凡児の話芸

西条凡児の高座

「漫談」という言葉はいつごろできたのであろうか。『広辞苑』ではその定義を〈漫談は滑稽を主とし、世相・人情の批評・諷刺をも取り入れた話術〉と簡潔に説明する。歴史としては浅い。

徳川夢声（一八九四―一九七一）という人がいた。マルチタレントで稀代の文化人でもあった。夢声の履歴は活動弁士から始まった。活弁――すなわち無声映画の解説者である。当時のジャーナリストは人気活弁士を「闇の詩人」と名づけた。そこで夢声は考える。〈「闇・くらがり」でボツボツ喋っているという事が、一面、吾人にとって物足りない感じがする〉〈説明がなくても映画は有り得るが、映画なしに説明は有り得ない――これが情けない〉。仲間と語り合い、大正一五（一九二六）年一〇月、芝の労資協調会館で第一回「ナヤマシ会」なる演芸会を開催した。命名は夢声であった。大儀な開催理由よりも〈何かしら「演芸会」の如きものをやって、皆んな面白く遊びたかった〉というのが本音である。この「ナヤマシ会」で初めて「漫談」なる言葉が使用されたという。名づけ親は同じ活弁士の大辻司郎（一八九六―一九五二）であった。

昭和四（一九二九）年五月九日、東京・新宿武蔵野館で日本初のトーキー映画が公開され、やがて活弁士たちはその職を追われることになる。夢声は草創期のラジオに出演し、大辻司郎や喜劇役者の古川緑破らとの掛け合いによる「二人漫談」を放送した。西村楽天、大辻司郎、牧野周一、山野一郎らの活弁士はやがて一人芸の漫談家に転向した。

昭和五（一九三〇）年五月一一日、大阪玉造・三光館で、しゃべくり漫才の第一号である横山エンタツ・花菱アチャコがデビューした。まだ「漫才」という表記はなく「二人漫談」という看板を掲げた。その後、エンタツ・アチャコは「インテリ萬歳」とも称された。「萬歳」が「漫才」と改称されたのは、昭和八年一月のことである。吉本興業の橋本鐵彦が夢声や大辻司郎の「漫談」からヒントを得て「漫才」の文字を創った。それでもしばらくは「二人漫談」と併用された。

大阪の活弁士たちは、失業しても漫談家には転向しなかった。楽士はチンドン屋に、弁士は紙芝居などに転向した。大阪の漫談の元祖は、結局、花月亭九里丸（一八九一―一九六二）ということになる。九里丸は噺家に入門したが、発音がはっきりしない語り口のため、紙芝居やおもちゃ噺などの珍芸家として活躍したが、時事ニュース漫談などでも高座を務めている。西条凡児はこの九里丸の門下生であった。

まずは、その西条凡児の社会風刺漫談を聴いて（＝読んで）いただく――。

凡児の漫談がいかに今日的な気分を先取していたのかが理解できるのではないだろうか。社会性を帯びている。現在では、ジャーナリストが話すような内容に笑いを塗してある。

西条凡児の出囃子は《勧進帳・寄せの合方》。この曲は無形文化財に指定された林家トミ

（一八八三―一九七〇）に勧められた。凡児が寄席で活躍していた時代のことである。《勧進帳》は凡児自身好きな曲であり、本人曰く「相性が合う」。〈出囃子の勧進帳も懐かしく〉。この自作の句を進呈用ののれんにも染めている。凡児はその《勧進帳》の出囃子に合わせるように、舞台の袖から両手を擦り合わせながら登場する。途中から彼はその両手でザァ――ッと拍手をし、やがて舞台中央のスタンドマイク前に立つ。眼鏡をかけた着物姿に、白髪混じりのオールバック。第一声「ヘッ」というと、前方の上方を見ながら、やがて一拍あって、「こんな話がおまんねや」（後半は「また、見てもらいます」）と、ゆっくり観客へ向かって丁寧に話しかけるようにしゃべりだす。声は意外と甲高い。

「人がよういいます。「凡児さん、あんた一匹狼だんな」ちゅうて。「なんでだんねん？」「わて知りまへん」ちゅうねん。「ただ、後ろに何もないだけです」と。嬶や子を養うていこと思たらやね、自分が強ならないかんと。専属になって、金貰ろたら、紐付きでその人のいうこと聞かんならん、その会社のいうことを聞かんならんと、ねェ。テレビでも興行会社でも一緒ですわ。そやさかい私はイヤと、ねェ」

身ぶり手ぶりを交えながら、だんだんとはなしに熱が入り、その語りにテンポが出てくる。そのテンポも、変速自在で絶えずギアチェンジが行われ、観客はその縦横無尽なリズムに酔わされることになる。はなしの構成は見事だ。時折、凡児は右手の中指で眼鏡のかなめを押し上げる。身体全体を使ってしゃべるために眼鏡がずれ落ちてくるのだ。凡児の舌鋒はさらに鋭くなる。

「自分独りで立っとりゃ、こんな結構なことないちゅうねやね。独り立てんもんやから、どこそこの大きな国から、兵隊借りたり、金借りたりするさかいに、なんや分からんのに、バァ――ッ!と戦争に行ってやね。二十何万（人）寄ってるちィまっしゃないか、北ベトナムだけで……。南と北でやっとんの、あれ、ええ……」

凡児は自らの越し方を語りながらいつの間にやら、ベトナム戦争のはなしへと話題は変わっていく。ベトナム戦争（一九六〇―一九七五）は、インドシナ戦争（一九四六―一九五四）後にベトナムの独立と南北統一をめぐって争われた戦争である。共産主義勢力の拡大を防ぐために北ベトナムと対峙する南ベトナムを、支援するアメリカ合衆国が中心となって、大規模な軍事介入を行ったが泥沼となり、結局、アメリカは敗退し、大きな禍根を残した。実質的には冷戦時代の共産主義勢力（ソビエト社会主義共和国連邦、中華人民共和国）と資本主義勢力（アメリカ合衆国）の代理戦争的要素があった。その後のブッシュ・ジュニアのイラク戦争と比較してみると共通点も多く興味深い。凡児はいう。

「アメリカもあれね、どないだっかなあ、私の考えやけど、お節介せいでもねェ……行くのなら一番えらい人が行ってだんな、マクナマラ（国務）長官なら長官が行くとか、副大統領が行って向こう行て、北のほうで話しすんねやったらよろしいわ、ホー・チ・ミン（ベトナム民主共和国初代大統領）さんとね。それせんといて、「おッ、こらいかん。もう二万増兵せえ」と。「韓国のほうも、もうちょっと兵隊二万ほど出しとくれ。そのかわり銭ちょっとこう回すわ」ちゅうようなこというて、バァ――ッと戦争こうやって、ボカァ――ン、ボカァ――ンって、今でもやってまんねやろ？　ほんで自分らの国へ帰って、「うん！　どうでもアメリカの正義をもってしてやね、共産軍の侵略を叩かないかん」ちゅうとんねん。「侵略」て、どっちが侵略しとんのか分からんねん！　これ……。アメリカへ来とんのや、おまへんねんで。北ベトナムでやってまんねんで。ほな、北ベトナムのほうも、中共（中国共産党）のほうはいうてますわね。「そんなことはない。うちのほうが正しい」ちゅうてますわ。いうとるうちにわれわれの昔みたいに招集受けた兵隊やとかが、皆こない（倒れる仕ぐさ）なって、コロォーッ、コロ、殺されとる、ねェ。ほんでえらい人は勲章ようけ（たくさん）着けて、「われわれは正義のため」て、お互いに西と東で、こない（敬礼を）やっとる。ナンセンスですよ、こんなバカなことはね……。

え～、ここに戦国の武将の詩がおまんねん。〈討つ者も　討たるる者も　土器《かわらけ》よ〉。毛ェのないこっちゃ、おまへんで………（客席の笑い）。笑いなはんな！　そんなことでいやらしい……。〈討つ者も　討たるる者も　土器よ　砕けて後は　元の土くれ〉と。室町期の武将・三浦道寸ちゅう人がいいはった。これでわし思たん、ねェ。三月一〇日、陸軍記念日。もうそこに見えてますわな。〽旅順開城約成りて……で、一番、ねェ。二銭の当時の切手になった乃木（希典）さん。軍神といわれた名将・乃木さんちゅう人が、実際はわれわれの先祖や、うちらのお父さんの友だちを、何十万殺しとんねん。二百三高地をとるためにね。ほんなら、上手いこと戦争（太平洋戦争）したはずの山下（奉文）将軍が、あれが終いに向こうへ捕まえられて、一番にボォ――ンといかれた（殺された）……ねェ。結局、勝っても負けても、さっきいうとおり、〈砕けて後は　元の土くれ〉。戦争は止めてもらいとおまんな。また聞いてもらいます。さよなら……」

（昭和四一［一九六六］年三月九日）

凡児は権力にはたて突いた。反権力。絶えず、庶民の目線にいた。しかしときには公平な眼差しも忘れない。教育問題について凡児は漫談の中でふれている。

「苦学して、昼働いて、夜勉強してる子たち。今まで差別して定時制の高校ちゅうて履歴書に書いたら、大きな会社や官庁は雇わなんだ、ねェ。それをある高校の定時制の方がラジオでいうたやつを、池田（勇人）はんがヒヨッと聞きはった。内閣総理大臣だっせ、ねェ。「これはいかんやないか、可哀想やないか」というので閣議へもって帰って、大蔵大臣――今の（田中角栄）大蔵大臣はまともに学校へ行ってはれへん、苦学したね。この人や、厚生大臣、ねェ。まともに表の学校出んと、裏から……裏口やないけども、夜行く、苦労した人が気の毒やというんで、いっぺんに賛成して、これから官庁も大きな大会社も全部、定時制と全日制の、昼と晩の区別なしに雇うてくださいと。こら、池田さん、ありがとうございました。苦学しておられる方になり代わってお礼を申し上げます。またね、ええことしたかて直にいう方があってね。「あれは選挙のためや、事前運動や」とね。ほな定時制の親や兄弟が、「池田、ええことしよった。自民党へ入れよか」と、ねェ。「地方選挙や、皆ある」と。「それでやりよんねやないか」と……も、そんなことというたらキリないさかい、もうケツの穴の小っこいことといわんと……ええときは誉めたげまへいな、ええときはね……」

さて、そういった漫談を披露した西条凡児の履歴は、どんなものであったのか――。

西条凡児の経歴

西条凡児というのは実は芸名である。本名は河内弘明という。

芸名の由来についてかつて凡児は「『只野凡児』という漫画がありました。学校は出たが仕事にありつけない青年のお話でした。彼の頭の形や「眼鏡」それらが当時の私に似ていましたので「凡児」とつけました。もちろん失業状態も似ていました。西条は当時、当時ですよ。西条八十さんの詩がちょっと好きでしたので、なんとなくつけました」とこう話していた。凡児がマスコミで大活躍している時代の発言である。

『のんきな父さん』で有名な麻生豊の『只野凡児・人生勉強』は、昭和八(一九三三)年五月三日から二九七回『朝日新聞』紙上にて連載された連続漫画であった。その後、黒澤映画で有名な藤原釜足主演でPCL(東宝の前身)で映画化もされている(余談になるが、この映画にのちに西条凡児ともゆかりになる漫談家第一号の大辻司郎が出演している)。学校を出ても就職のできない只野凡児の容姿、環境が学業卒業後の河内弘明(本名)に似ていた。学生時代からの親友・藤本美則に「凡児二世」といわれた。それが芸名になった。ところが〝西条〟のほうがよく分からない。西条八十に必然性があるのだろうか? これにはのちに凡児の芸界入りのきっかけを作ることになる漫談家・花月亭九里丸が関係している。

九里丸は筆の立つ人でいろんなペンネームで原稿を書き分けていた。そのひとつに「西条ちかし」がある。九里丸が大阪市阿倍野区松崎町という阿倍野斎場に近いところに住んでいたことから、この筆名を用いた。ほかにも国鉄(JR)の阪和沿線に住んでいたことから「繁和圓仙」という名前もあった。「西条ちかし」からの「西条凡児」であるということは、九里丸自身も新聞のインタビューに答えているし、「近代漫才の父」と称された漫才作者の秋田實もそう書き残している。凡児は後年、九里丸との間にイザコザが起こり仲たがいする時期もあったので、こういう逸話に仕立てたのであろう。

凡児の長男・河内義明もこう話す。

「西条八十の西条を使ったというのと、それから只野凡児の凡児を使ったということは一応もう自分ではそういうふうにいい聞かしてますからね。皆にそういうふうにしてますけども、その辺の真相になってきたら、それこそ本人をとっつかまえて聞かないと……でも、親父は本当のことはいわないです（笑）」

凡児と親交の篤かった桂米朝もいう。

「そうやろね、西条八十を凡児さんが芸名に借りる理由は何もないわな」


西条凡児――河内弘明は、大正三（一九一四）年一〇月一七日、父・河内弘直、母・ふさの四男として大阪市東区上本町に生まれている。弘明が誕生したころには、長女・千代子、長男・芳一、次男の建造の兄姉がいた。

凡児は父・弘直を「一匹オオカミであった」と回想している。

「職業軍人でしたが、途中からバカらしくなって辞めて、軍人教育会の会長なんかをやっていました。世をすねたようなところのある親父でした」

弘明にもの心がついた大正六（一九一七）年ごろには、一家は神戸に移っている。西条凡児の大阪弁の話芸にどことなくモダンな（これももはや死語であろうが……）雰囲気が漂うのは、多感な幼少期を神戸で育ったからであろう――。

港町・神戸は明治以降に拓けた新興の都市である。のちの西条凡児の大阪言葉には当然神戸なまりのイントネーションがあった。神戸弁というのは、純粋の大阪弁とは違って、柔らかい独特の持ち味がある。それゆえに一般的にはもっちゃりとした大阪弁のイメージに比して、あの独特の、凡児節とまで称された話芸が完成したと考えられる。モダンな感じがした。これはほかにも同じく神戸出身の映画評論家・淀川長治、落語家・桂枝雀といった話術家にも当てはまる。もっともこれは戦前生まれの、というただし書きがつくが――。

余談である。神戸出身の高島忠男(俳優)がフジテレビから『ゴールデン洋画劇場』(毎週金曜日)の洋画解説を依頼された。高島はしゃべり方に十分注意を払った。――というのは、テレビ朝日系列の老舗『日曜洋画劇場』の解説者・淀川長治の語りが有名であったからである。高島は、関西弁でも同じ神戸弁を遣う淀川に考慮したのである。この逸話は他の地域に住居する人々にとっては理解し難い話であろう。

神戸弁を遣う話術家は純粋の大阪弁をしゃべる話術家とは違いどこかしらアカヌケとした味わいがある。それは神戸という街そのものが、モダニズムのかたまりのような都会であり、土地柄か、その太陽と空気にふれながら育った人間には、洗練された雰囲気と上品さが身体全体から醸し出されるからだ。こういった感じは、例えば落語家の六代目笑福亭松鶴、女優の浪花千栄子といった濃い生粋のポンポンと語る大阪弁（と――これとて細分化されるが）を遣う技芸者とはその印象を異にしている。同じ兵庫県でも姫路市で育った桂米朝の大阪弁も、神戸弁とは少し趣きが違う。しかし米朝の大阪弁は他府県の人からすればもっとも分かりよい関西弁ではあるようだ。もっともこれは米朝の努力かもしれない。

〝お芝居の、筋書きに似た昨日今日〟

西条凡児が出演する番組内で「さァ、おみやげ、おみやげ……」と手渡すのれん用に書いた句である。

西条凡児こと河内弘明は、大正一〇（一九二一）年四月に神戸市立雲中小学校に入学している。退役軍人であった父・弘直の職業が何であったのか、弘明は後年になってもはっきりとは理解していなかったという。よく働き、よく酒を飲んでいたことだけは覚えている。大正一二（一九二三）年に同じ神戸市内の湊山小学校に転校した。この頃から父の酒乱がひどくなった。酔うと母親や兄姉を殴り、血だらけにする。湊山小学校へ転校二年目の秋、父親の暴力にたまりかねた母・ふさが子どもたちを連れて大阪へ避難した。しかし、翌日には父・弘直に連れ戻され、子どもたち全員が学業中途で奉公に出された。そして給金は弘直の飲み代へと消えた。

昭和三（一九二八）年三月、大阪市都島第一尋常高等小学校卒業。四月、大阪市扇町商業専

修学校に入る。昭和六（一九三一）年四月、浪華商業学校に入学した。昭和六年―七（一九三二）年にかけて、弘明は長兄・芳一、次兄・建造を肺病で亡くしている。病気に苦しんだ長兄は弘明に「弘よ、学校だけは出とけよ」といって亡くなっている。勉強がしたかったのだ。弘明には後々までよく見た夢がふたつあった。軍隊の夢と旧制中学卒業の夢である。弘明は兄の遺言を守り、浪華商業の学費を稼ぐため、大阪市中央区平野町の電気製品の輸入業「電明商会」で住み込みで働いた。学校では、生涯の親友・藤本美則に出会った。応援団長で、教室ではモノマネをしては皆を笑わしている木村貞行という同級生もいた。この時代、硬派で柔道部に所属していた弘明は彼に対して「なんや芸人ぶりやがって！」という感慨をもっている。この木村がのちに同窓の西条凡児に入門する内海突破（初代）である。

昭和八（一九三三）年三月、浪華商業学校卒業。昭和ヒトケタ代は世界的な不景気時代であった。小津安二郎監督『大学は出たけれど』（昭和四［一九二九］年九月六日封切）が公開され、この映画のタイトルが流行語になった。弘明、仕事がない。おまけに胸を患い療養生活を強いられることになる。焦る気持ちが強い。さらに弘直の酒乱が再び激しくなった。日記に書いている。

〈あほうな男の存在。それは、おおよそ父親である。又、昨夜暴れた。そして巡査が来た〉

「とにかく警察へ泊って来はんねん。河内君がね、お母さんと二人で派出所へ迎えに行かはんねん」（藤本美則）

父を憎んだ。弘明の前途は暗い。

「凡児さん、なんで芸人になりはったんです?」と訊ねられると、西条凡児は決まって「食べるのに困ってなりましたんや」と答えている。それはまんざらウソではなかった。

大阪中之島に外観が真っ黒なビルディングが建っていた。大阪朝日会館。その公演場で昭和七(一九三二)年一二月一二日、朝日新聞社会事業団主催「『笑ひの夕』萬歳座長大会」が開催されている。吉本興業と朝日新聞がタイアップして開催した漫才大会の第一回目である。河内弘明(西条凡児)は、このとき初めて漫才というものを見た。トップに出た宮川小松月・セメンダルという少年少女漫才に感心した。芸人の世界に興味をもった。

弘明は少年時代からしゃべることは得意であった。近所の子どもたちを集めては思いつきのおとぎ話を語って喜ばせていた。舞台芸人になったら仕事があるのではないかと思った。来阪した漫談家・大辻司郎の楽屋を訪ねる。「この世界は難しいですよ。芸人なんかダメですよ。金になんかならないですよ」と断られた。声帯模写を考案した喜劇俳優・古川緑破も訪ねてみた。気位の高い緑破がなんとか会ってくれたが「弟子なんかとらないよ。ことに関西なまりじゃダメだ」とあっさり締め出された。がっくり落ち込んだ。

親友の藤本美則は漫談家・花月亭九里丸の親戚にあたる。藤本に「九里丸いうのん、いっぺん行ってみいひんか？」と勧められた。大阪市東成区片江の九里丸の自宅を訪ねるが、あっさり入門とはむろんいかない。何度も通ううちに九里丸から「実はわし、漫談の塾をこしらえて旗揚げしよう思てんねん。ほんならしばらく通うてくるか」といわれた。

塾というのは九里丸主宰「漫談明朗塾」（昭和九［一九三四］年二月一日開講）である。自宅二階を教室にあてた。漫談は九里丸、落語は笑福亭枝鶴（五代目松鶴）、漫才を横山エンタツが担当。制服制帽もあり、七、八人の生徒が来たが九里丸はマスコミを使って宣伝したために所属の吉本から睨まれた。塾生のほとんどは面白半分でたいがいが中途退学となる。弘明は自前で九里丸宅の隣の離れを借りて住み込みで修業した。九里丸は異常なほどの厳しさであった。

弘明は千早楠雄と名のり、座敷の余興などで漫談の芸を磨いた。この間、九里丸考案のボール紙SPレコードに、弘明は九里丸との掛け合い漫才による〈二人漫談　世界漫遊〉も吹き込んでいる。名前は漫談明朗塾生としか表示されていない。しかし西条凡児の一九歳のときの声がこれで後世に残ることになる。しかしながら、結局、漫談明朗塾は看板倒れに終わる。

河内弘明（西条凡児）は、昭和一〇（一九三五）年の正月の祝いの膳のおりに師匠・花月亭九里丸に「辞めます」と告げている。同席していた笑福亭枝鶴（五代目松鶴）は止めてくれた。

笑芸作家・香川登枝緒はのちに書く。

〈九里丸が若き内弟子の河内君を厳しくしごいた原因は、弟子はかくあるべきものという彼なりの理論に基づいたものであったろうが、それがあまりに常軌を逸する厳しさであったために嫌気がさして飛び出したのも、また無理からぬところであった〉

余興の稼ぎは九里丸がもっていく。生活費は自前である。恋人・穂積珠子（のち夫人）の妊娠と、父・弘直の酒乱に、件の九里丸の仕打ち。我慢の限界が来た。弘明は師匠・九里丸に見切りをつける。香川はさらに書く。〈だがそのために（九里丸が）破門状を関係先に配布したというのはいささか行き過ぎの感がある〉

桂田繁雄という男がいた。彼も漫談明朗塾を半日で辞めた人間である。おまけに浪華商業学校出身でもあった。弘明は漫談家志望ではあったが、生活のために彼と漫才コンビを組むことになる。桂田は九条芸児（大阪九条出身）と名のり、弘明は西条凡児となった。

芸児の父親が所有する借家に笑福亭福団治という芸人がいた。その福団治の紹介で、昭和一〇年三月、大阪・千日前にある漫才席「小宝席」で芸児・凡児はデビューする。エンタツ・アチャコを模したしゃべくり漫才である。

大阪花月前で旧知の花菱アチャコと出会った。

「おかげさんで小宝席で修業してます」

「そうか。あそこでわしらそっくりの芸を演ってるのがおるそうやけど知らんか？」

「そら、私らです」

アチャコは呆れて口を開けたまま、「なんや、おまはんらか、しゃ〜ないわ」と笑った。

五ヶ月後、神戸の吉原興行部へ移籍。新開地・千代之座で芸を磨いた。漫才時代から西条凡児はその芸に辛口の社会風刺を取り入れた。

ゴーストップ事件というのがあった。昭和八（一九三三）年六月一七日、大阪市北区天神橋六丁目で、赤信号を無視して横断歩道を渡る兵士に巡査が注意した。軍部が権力を増していた時代である。これが問題となった。最後には陸軍大臣と内務大臣の政治問題にまで発展した。凡児は「帝国軍人に何をいうか！」と巡査に食ってかかる兵士を、面白おかしくコケにした。長男・河内義明はいう。

「逆境に育ったから余計でしょうけどもね、順調なもんやとか大きいものに対してはそういう何か反骨精神みたいなものはもっていましたね」

凡児の面目躍如である。

西条凡児の神戸・千代之座時代に浪華商業学校の同級生・木村貞行が、同窓のよしみで弟子志願に来た。西条凡々と名づけた。凡々は一年ほどで姿を消す。のちの初代内海突破である。

昭和一四（一九三九）年八月二四日、西条凡児・九条芸児は籠寅興行に移籍している。籠寅は、初代、二代の大江美智子を売り出して女剣劇ブームを作ったことでも知られる下関の興行主である。上方漫才の大看板・砂川捨丸も所属。凡児・芸児は籠寅の巡業で全国を廻った。

昭和一四年、凡児は召集され大阪の部隊へ入ったが、胸部疾患でその日に帰されている。この間、芸児のほうも召集されたり病気になったりした。一人の間、凡児は漫談を演じたり、他の者とコンビを組んだ。

昭和一五、六(一九四〇、四一)年のことと考えられる。九州巡業の折に砂川捨丸の勧めもあって、凡児は千早一枝と男女コンビを結成した。結局、凡児は短期間の間に男同士の漫才、男女の漫才、漫談という三つの異なるスタイルで舞台を経験している。これも生活のためである。

昭和一六年、二度目の召集。このときは左足を負傷。貫通銃創の痕が残った。召集から帰った凡児は、「五人漫才」なるものを思いつき舞台で披露している。メンバーは凡児、芸児、一枝、荒川小夜子(若井はんじ・けんじの母)、それに弟子の西条活歩(のち廃業)であった。

〈「イギリス、アメリカ何者ぞ。われには不動の決意あり」てなこと言って「西住戦車長伝」や「ベルリンのオリンピック」で「前畑ガンバレッ」とやったもんでした〉と五人漫才について凡児は書くが、時節柄、戦時高揚漫才であった。

昭和一八(一九四三)年、九条芸児が三〇歳の若さで病死した。戦後、凡児は〈良友は死別す。ああ――、国宝的コンビよ、わたしは今日目の前に男性コンビの高座を見るごとに、私達のコンビが如何に優れていたかを思い出す〉とノートに記した。

もし、芸児が健康であったならば、戦後の西条凡児、さらには関西の一人話芸の歴史がまた違ったものになっていたかもしれない。

昭和二〇（一九四五）年五月二二日、凡児、三度目の召集である。九州・宮崎で入隊したがすぐに野戦病院に入院する。七月二五日、凡児は病院の慰安会で一席披露した。「特攻隊の飛行機は鼻緒の切れかかった書生下駄！」と戦争批判の漫談である。軍法会議に回されるところを病院長の少佐に助けられた。翌月、終戦を迎えた。八月一五日、凡児は病衣で田舎道を歩いていると土地の人につばをかけられた。凡児、軍隊によい思い出はない。

戦後、復員してきた凡児は、神戸・三宮の闇市の餡が噴き出している焼餅を見て「なんぼや？」と訊ねた。外国人の闇屋は「コエンよ」と答えた。軍隊で一日働いて十何銭の日当である。それが焼餅ひとつが五円。びっくりした。世の中が激しく移り変わった。

昨日までの軍国主義が、今日からは民主主義となった。一夜にして常識が変わる。この時代を体験した人たちが皆そうであるように、西条凡児の激しい思想の根幹にもあの忌まわしい〈戦争の記憶〉が息づいていた。

夜半に大声を上げて飛び起きることがある。戦争中の夢を見ていた。ゆえにオカミなどは信用するものではないのだ。反骨精神が凡児を支えた。

のちのテレビ番組収録時でも本番直前は極度の緊張からか、爪を噛み、貧乏ゆすりが止まらなかった。手を擦り合わせてのお馴染みの登場は、手のひらにいっぱい冷汗がにじみ出ていたためである。強い発言は、気の弱さの表れでもあった。

食べるためにはどこでもしゃべった。農村慰問にも行った。「西条凡児集団」と銘うって軽演劇での公演もした。『藝能往来』という雑誌の神戸支局も受け持った。原稿を執筆し、鉄道駅の売店に雑誌を置きに行った。大阪鉄道局・芸能班の嘱託としても各地を廻った。

昭和二二（一九四七）年、阿倍野の市場を改装した仮設の寄席で凡児は初めて一人立ちの漫談として舞台に立った。当初は凡児・一枝の漫才と漫談との二本立て、どちらか一方での活動であった。

同年九月一一日、戦後、大阪初の寄席「戎橋松竹」が開場した（―昭和三一［一九五六］年一月三一日）。凡児は一枝との漫才で一〇月一日からの〝東西落語演芸会〟で戎橋松竹初出演を果たした。戎橋松竹はそれまで旅廻りをしていた漫才＝中田ダイマル・ラケット、引退していた砂川捨丸・中村春代、そして毒舌漫談の西条凡児が売り出した劇場としてものちに記憶された。

西条凡児の漫談

凡児は自らの漫談に「ボロクソ・ダイジェスト」と名づけている。桂米朝は西条凡児を〈話芸の名人〉と位置づけながらも当時の漫談について次のように書いている。

〈戦後大混乱のあの時代、その漫談は実に諷刺の利いた新鮮なもので、鋭い舌鋒で言いにくいことでもズバリと言ってのけ、物議をかもしたことも縷々ありました。戎橋松竹で絶大な人気をとり、ラジオ局(テレビはまだなし)もヒヤヒヤしながら出演を依頼してたものです〉

では、凡児の芸のうえでの後継たる浜村淳や上岡龍太郎は、彼の漫談をどう見ていたのであろうか——。

西条凡児の社会風刺漫談について、まずは浜村淳に訊いてみた。

「昭和三〇年代、権善五という男が大変凶悪な事件を起こして逃げたのを警察が追いかけて捕まえたんです。確か拳銃を使っての強盗か、傷害か、殺人やったはずです」

浜村がいっているのは、昭和三〇(一九五五)年八月二九日に大阪・北浜の東海銀行大阪支店で起こった強盗殺人事件のことである。警官を含む二人が殺され、ひとりが重傷を負った。犯人は一時間後に逮捕された。

「それをね、『ポポンタイム 凡児のお脈拝見』で取り上げていうたんですわ」

『ポポンタイム 凡児のお脈拝見』は、昭和三〇年四月一〇日から新日本放送(現・毎日放送)で始まった凡児のラジオでの時事漫談番組である(—昭和三七[一九六二]年九月三〇日)。絶大な人気があった。

「放送を電波にのせて「何が権善五や。あら権悪五やないか」と。覚えてますわ。今、そんなこと恐ろしいていえしません。ようい い切りましたよ。要するに時事的な話題を取り上げて漫談にするというのはね、ものすごい早かったですね。若いころは漫才で京都の京極演芸館なんかに出てはったそうです。これはぼくは知らないんです。そして舞台ではもっと過激やったんですわ。もっともっと肝を冷やすようなことを平気でいうたわけですよ。それゆえに受けることをいうてました。ぼくが覚えているネタではね、「戦争中に東條はんが――」て、これ東條っていうのは総理大臣であり陸軍大臣であった東條英機です。「東條はんが、もっと産めよ増やせよ、せないかんと。富国強兵というて兵隊を強くして国を富まさねばならんと。で、東條はんがいわはったのは子ども一〇人産んだら乳母車一台やると。ほんであんた、うちの近所の人も励みましたで、あんた、気張って気張って、やっと一〇人目が生まれたとき、終戦や。誰が責任とってくれまんねん」(笑)。これ印象に残ってますわ。凡児さんはそういったことでね、随分人気を上げました」

上岡龍太郎はどう思っているのであろうか――。

「凡児先生というのはですね、まさしく大阪の一人しゃべりの基盤を作った人です。その話芸というものは今日でも十分に応用できるということです。小説でいう文体をキチッともっている人でした。それから皆の印象に残っているのはすごい毒舌やとか、きついことをいうとい

う印象ですがね、ほとんどのネタはそやないでしょ。きついことやとか毒舌は印象に残るから
それがすべてやったように思われるけども、一割、二割のことでね……」
西条凡児が「一番好きなはなし」というもっとも好んだ自作の漫談というものがある。長年、
戎橋松竹などの演芸場でしゃべっていた。医者を題材にしている。

「息子がいいまねん。「お父さん、学校出て、ぼく何になろう?」いいますさかいね。「お前、何をいうとんねん、親に学校へ行かせてもろて。今から決めなさい!」「お父さん、何になったらよろしい?」。私は子ども——男の子が三人おるねやさかい、一番上をお医者さん、二番目を建築屋はん、三番目を弁護士にしようと……ほんなら病気になってもタダで診てもらえるし、家を建てるときは安いと。それから訴訟を起こしたかて弁護士で、これもタダやとね……うちの親父もそういうとったんですわ」と話題を少しずつ医者の話へと運ぶ——。
「なんでね、お医者さんがええかちゅうとね、どんな商売でもお辞儀をせんならん人というのがおますわ。ところがお医者さんだけはね、お客さんにお辞儀をしよらん。また、したら値打がない。「(愛想よく)こんちは。医者でんねんけど、どないでっしゃろ。安しときまっけど……診まひょかいな。注射三本で一〇〇円にします!」。そんなわけにいかへん。ねェ。で、威張っとるほど利くように思いまんねやな。道で会うたかてね、金を出したほうからお辞儀し

よるわ。「先生、この間はおおきに……おかげさんでようなりまして……」「あ、そう……」とこうや。ニワカ殿下みたいな声を出したらええ……お医者はんだけは、来る客にひやかしがおまへんしね………（客席へ向かって）いや、笑ろてなはるけどもそうだっしゃないか？「こんちは」「どうしました？」「へへ、顔を見に来て、さよなら――」。そんなんあれへんわ。来たお客さんはやね、どこぞが痛んどんねやからね、否でも応でもお客や。金を出さなしゃあない」

話は病院の描写へと続く――。

「お医者さんの待合所ちゅうたら、まあいろいろおまっけどな。たいてい北向きでね。鬼瓦みたいに北向きで、よう冷えるようにリノニウムを敷いてね。で、座布団が三枚でお客が五人や。どないしても二人は、直に地べたへピシャッと（座ることになる）。よう冷える仕掛けになってる。大きな火鉢を置いて中に火がちょっとや。火鉢ちゅうようなもんは、火を鋳こさな、ないほうがええの。ことに瀬戸びきの火鉢や鉄の火鉢は「冷た、あ〜、冷た」てなもんや。下から冷える、火鉢で冷えるわ。風邪ひきかけて行ったんが水洟を垂らして「ハ〜、ハクション！」いうた時分に看護婦さんがジィ――ッと見とんねんね。どいつが先に風邪ひきよるか」

意地悪な観察だ（笑）。寒い寒い待合室で待たされている患者。看護婦の呼び出しが聞こえてくる――。

「「（早口で）一六番、一七番、一八番、一九番……一六番の方から……」「へェ……ゴホッゴホッゴホッ……うちで寝とったほうがよかったなあ。砂糖湯でも飲んで……」。ねェ。それからズゥ――ッと廊下を行きまんねん。ほな、先生は？　ちゅうたら南向きの日当たりのええとこへキリキリッと回る椅子出して、ガスストーブでも点けて自分だけ風邪ひかんようにして「（澄ました声で）はい、どうしました？」。声、これだっせ。鼻も目も口も耳も動かさんとね、もう写真で撮ったような顔をして「どうしました？」

凡児は医者の職業的な態度を模写する。

「これね、もっと愛想ようぃうたらええてなもんやけどね……愛想ようぃうとね、威厳がない。利くように思わんねん。「（愛想よく）どないしなはった、大将！」。こら、いかんちゅうねん。「どうしました？」「すんまへん、ゴホン……四、五日前から寝冷えがして風邪をひいたように思いまんね」「風邪が分かっとったら来いでもよろしいわ。医者の自尊心を傷つけるようなことをいうたらいかん。私が診てから風邪ちゅうことが分かんねやからね。熱ありますか？」「三七度八分……昨日は八度おました」「ああ、そう。寝汗かく？」「へ、もうズッとありまんねや」「胸の病気やったことあるか？」「へ、熊本の陸軍病院で半年ほど入院してました」「ふんふん……そうかなあ……裸になって」「先生、寒《さぶ》おまんねん。もう冷えてまんねがな」「裸になんなさい！

全部ひいてしまうほうが金がとりよいねんから……舌出して。一枚でいいから……うん、よろしい」。それから聴診器いいまんのか。あれをこう（胸にあてがう仕ぐさ）、ゴムの先ィに象牙のついたやつや。あれも冷たいようによう冷やしとるわね……」

さらに医者の診察は続く——。

「それから目をグィッ。身体が悪いのに、眼科やないのになんで目ェを診るちゅうたらやね……これ、気ィつけとくなはれ。熱のあるときは目ェが赤いちィまんねん。黒いところやおまへんで。黒いところが赤かったら、こらウサギや。白いところが赤いのはこれは熱……青かったらムシ……で、黄色で注意……触るだけ触って、じきにこう手を洗いはる。いかにも汚いものを触ったようにね。ぢのお医者はんやないねやから、いちいち手ェを洗わいでもええねんけど、あないせんとね、銭とるちょっと都合がおまんねやろなあ」

桂米朝はいう。

「凡児さんの漫談で医者の話。あれは私は戎橋松竹で聴きました。これはもう医者のことをボロクソにいうてね。実感から出た話やろね」

西条凡児のしゃべりは診察を終えた医者に患者が自分の容態を訊くところから続く——。

「『先生、ゴホゴホ……どないでっしゃろな?』『いや、まあ四、五日通いなさい』。(理由を)いわしまへん。ほんで看護婦さんに『カルテ!』。看護婦さんは縁なしの眼鏡かけはってね、歳三二ぐらい。処女のままで残ったちゅうような顔をして。先生が患者を見ながら看護婦さんに言いまんねんな。『ゲルベ・ゾルテ……ニュールンベルグ……ヒトラー・ユーゲット、3・5

g……ベルン……」。皆、ドイツ語や」

　これはおかしいと凡児はいう──。

「日本の先生が日本の患者を見て、日本の看護婦さんにいうねやから、日本語でいうたらよろしいんやろけどね。日本語でいうとね、お金がとりにくい。「この人、風邪ひいてはるさかいな。お茶の中に塩昆布混ぜてな……」。ウソだっせ。これはもう大阪の先生やおまへん。ズッと向こうの、ズゥ──ッと向こうの、ズゥ──ッともうシベリアの向こうの先生のことだっけども……。それで私思いまんねんけど、お医者さんと神さんだけは疑うたらいかんいいまんねんな。私らどっちかいうと疑り深いんです。先生のありがたみはよう分かってまっせ。猜疑心ちゅうのがおまんねやな。根性が悪いねん、私は。先生の顔を見たとたんにね、「この先生、大丈夫かいな」ちゅうようなこと思いまんねやな。ところがね、先生も見誤りということがなきにしも有らず。こら神さんやおまへんねやからな。それでそんなことはおまへんで……おまへんねんけど、千にひとつか、万にひとつでもないとはいえまへんわ。頭の病気やと思てやね。頭の注射したら、これが尻が悪うてやね、それから脳充血ちゅうのになったと。私は病気のことは分かれしまへんけどな……ほんでコロッと逝ったかて、「しもたあ！」と思てもやね。黙っとったら相手素人や。分かれへんねから……「できるだけのことをしましたが──」ちゅうたら奥さんはね、泣いて喜んで「ありがとうございます。仏も満足して逝き…」、逝くかいな、そんなもん！（本人は）死にしなにいわれへんねん。「お――い、お――い！金、払わんでもええのよ、娪！これ間違いやってな、あ〜〜ッ！」てなこといわれしまへんさかい、そのままコロッと逝ってしまう。重ねていいますが、日本の先生やおまへんで、これは――私それでね、いつもたいがい思うのは、必ず容態を訊きはります。事前に容態を……風邪やなと思て行ったら「熱あるか？」「寝汗かくか？」「胸の病気やったか？」「咳出るか？」。もう、これ一〇のもんなら八つまで訊きはるわけや。誘導尋問してね。これやったら、素人でも分かりまんがな。「どないした、お前？洟垂れて？」「頭が痛うてかなわんねん。夕べ、一一時ごろまでパチンコしとってな」「アホやなあ、お前、冷えとんのに……熱あるんか？」「三八度二分」「寝汗かくか？」「かく」「胸の病気やった？……あかん、風邪や！」と。こら、素人でも分かりまんねや。これを先生が「ああ、そう。胸の病気やったか……下に一枚でええ……」てなことをいわはるさかいにね、ありがたいように神懸かるんでっしゃろな。ホンマに先生がやね、腕があったら訊きはらいでもええと思うねん、これは。そうだっしゃろがな？患者がパッと入って来る。「おッ、あんた、悪い……根性が！」とかね……そらそやがな。それを当ててなんぼだんがな。学校を終点まで行ってはんねやから、それがためにね。それをあんた、全部訊くと……どこの先生でも訊きはります」

と、いったんは話を肯定した凡児も――。

「この間もね、私調べてみた。日本中のお医者さんが全部患者に容態を訊くかというと、全然患者にひと言も容態を訊かん先生も相当いはります。ひと言も何も訊かん。これはなんのお医者はんかというと獣医……訊いてもまた、こら患者がいわんわ。馬がやって来てやね、「おお、馬さん、顔色悪いやないか！」。そんなん分かれへん。馬は銭があるときでもないときでも、あの顔や。「どこが悪いねん？」「ヒヒヒン、足の裏！」。そんなんいわへん。さいなら――」

桂米朝の記憶によるとこのネタはこの先もあるらしい。

「「何もいわん犬やとか、馬やとか、牛やとかをね、ズゥ――ッと、触って調べて、これやと診察する。獣医は値打がある。外科なんかでも、ホンマ、私の知ってる外科なんか、よう忘れもんするんだ。この人が来たら、必ずなんか忘れて帰ってね。この間、体内にガーゼを一枚、置き忘れて縫うた医者のことが新聞に載ってましたやろ？　うちのあの医者やったらやりかねんわ、あれ。あと縫いあげて〈ああ、やれやれ、一服しょう。あッ、シュガレットケースを忘れた〉。あ――ッ、と、もういっぺん縫い直して〈ああ、やれやれ〉。〈ライター？　あ、ライターも〉」。これが切り場（オチ）やったな」

上岡龍太郎は語る。

「かつてぼくは「大阪弁で漫談を演ると全部、西条凡児のモノマネをしているという難しさがある」といったことがあるんですよ。例えば浜村淳さんも漫談を演っていた。滝あきらさんも漫談を演った。大阪弁で漫談を演ると皆、「西条凡児のモノマネや」といわれる。ぼくも演ったけどやっぱりいわれる。でもね、「いや、西条凡児節というけれども、これは大阪人がもってる全員の節やんか。こら、ズルイでェ」みたいなね。昔、どっかのお店の旦那衆、大阪人なら皆あんなしゃべり方やでェと思うんですよ。別に芸人芸人していない。ですから西条凡児が確立した漫談がいかに大きいかということです。でもそれが後輩にとっては逆に重荷になって辛いということをぼくはいうたんです」

芸というものを構成する重要な要素に〝間〟がある。簡単にいえば文章における行間のようなものだ。言葉における抑揚やリズムなども間を構成する要素になる。西条凡児はむろん名人ではあるのだが、その凡児の呼吸《いき》や間の基礎には落語という芸の影響の痕跡が大きく見られる。

六代目笑福亭松鶴はこう話す。

「西条凡児という人は、漫談を演る前は漫才演ってた人です。その漫才の前は落語を一番最初に稽古しはったんです。せやさかい、あの人も落語家の呼吸でお客さんと対話するので、あの面白さがあったわけなんです」

桂米朝もいう。

「凡児さんは漫談明朗塾時代にね、五代目（松鶴）のところへ落語の稽古へ来てね、叩かなんだけど（上方落語特有の見台を張扇と小拍子で叩きながらしゃべること。噺のリズムや調子の訓練になる）『東の旅』を習ったんや。凡児さんが「叩いたりはようせんけど、『東の旅』の初めのところを一所懸命覚えたんや」というてな。『東の旅・発端』やろね」

ほかに凡児は『米揚げ笊』という落語も覚えている。

かつて三人組コント・てんぷくトリオの一員であった伊藤四朗は、映画『しゃべれどもしゃべれども』（二〇〇七）で落語家を演じた。落語と芝居やトリオ漫才の〝間〟の違いを『キネマ旬報』の取材に次のように答えている。

「落語は完全に一人で作らなくちゃいけない。まあ複数でやりとりする芝居なんかでも〝間〟は自分で作ることたあ作るんだけど。落語は自分も相手役も全部自分でやるわけですから。コントにしてもドラマにしても、われわれは相手役のセリフなんか完全に覚えちゃいませんしね」

コントや漫才などの複数で演じる芸の間と落語の間は当然違うのだ。西条凡児の話芸の間は、落語のそれである。これに答えて上岡龍太郎も「それはそうやろうね。凡児先生の間は漫才から漫談に転向した形で生まれる間ではないと思う」と答えている。

ミヤコ蝶々の話芸

凡児に相対して関西のしゃべり芸を代表する女流話術家にミヤコ蝶々（一九二〇―二〇〇〇）

が上げられる。

その蝶々の話芸である。後年、自作自演の蝶々芝居（ミヤコ蝶々特別公演）では、芝居終了後に辻説法と呼ばれる蝶々の一人しゃべりに人気があった。この人の話芸は、しゃべり舞台においても、芝居上であっても、まったく同じ小気味よいポンポンとしゃべる呼吸と間であった。

桂米朝はその芸について話す。

「蝶々はんの、芝居の間と漫才の間は一緒やと思うんですよ。あの人の間はね。漫才の呼吸と同じ呼吸で笑いをとる。それは絶妙でしたね」

西条凡児の落語の呼吸に対して、蝶々の話術は漫才の呼吸であった。

「（蝶々さんは）お客の反応を見て、もうひと押ししたり、サッと流したりする笑いのとり方ですよ」（芦屋雁之助）

浜村淳に聞いた話である。

「凡児さんがね、「ミヤコ蝶々さんが関西の芸人ていうけどな、ちょいちょい東京弁が混じるやないか」と。でも、こらしゃーない。幼いころは東京の人やったんやから。そやけど、「あれはホンマの関西芸人とはいえまへんな」というた話が載っていましたけどね。そういう意味でも凡児さんはシビアな人ですね」

ミヤコ蝶々は東京・小伝馬町の生まれである。蝶々の大阪弁は、江戸っ子口調が混じるゆえに粋さがあった。蝶々の辻説法は、昭和五〇年代後半ぐらいから始まった。初めは五分ほどの観客へのアンコール的なトークであったが、最終的には長時間の法話的な講演となっている。

ミヤコ蝶々は身近な話題から観客の興味を誘う。

「道の真ん中でキスしとるやつおまんなあ。あれがどうも気に入らんねわ。どっか行ってやりゃあええねん、若いんだから……。そら、やっぱり年寄りは不思議そうな顔で見まんがな。(京都) 四条の河原ちゅうんかな? あそこでよう寝そべってこない (抱き合う) してね。私、後ろ通りまんねん。後ろ通ったら嫌でもね、こないして (抱き合って) るから、女の顔が見えまんねん。ジィーッと見たりまんねん。ほな、その女の子、普通やったら止めまっせ。止めへんわ。ジィーッとキスしたまま顔見て、「ちょっと、蝶々さん、あっこ通ってるわ」。ほな、男が「見てはんの? したことないからな」。ほっとけ、こっちは若いときしとったわい!」

漫才的な呼吸とは、無意識に絶えず相手がいるしゃべりである。一人の場合は観客を相手に選ぶ。ミヤコ蝶々には特にこの傾向が強い。ただ、蝶々は自らの芝居を「漫才芝居」と批評されるととても嫌がった。

松竹芸能の会長であった勝忠男はいう。

「漫才師といわれるのは、非常に嫌がってましたね。漫才師やなしに役者になりたい。俳優になりたい。舞台俳優やと。これをやらないかんというてました」

松竹芸能で蝶々芝居の舞台制作をしていた大谷幸一はこう語る。

「確かに漫才芝居といわれるのは嫌がっていましたよね。ただ、ぼくらが見ていても相手役は芦屋雁之助さん、夢路いとし・喜味こいしさんと漫才の人です。嫌やというているけれども演出していて肝心なときには、漫才の間を要求していました」

公演では最後に舞台上に小机と椅子を出しての、蝶々の一人しゃべりがある。言葉のひとつひとつに観客は一喜一憂する。まるで蝶々教である。

「今日はこうして皆さんとお目にかかれて大変嬉しいと思います。また、来年（公演に）来ますから、どうぞそれまで、おか、おか、お風邪などめせません……お風邪などめせ……なんでやねん！……お風邪などめせません、ちゃう！……お風邪などめしさません……ええ言葉は難しいわ！　まあ、何でもよろしい。風邪なんかひきなはんなや！　ありがとうございました」

「石井均さんがよういうてはったのは「蝶々さんは下品なことをいうても、あの可愛らしさと品があるから何をいうてもええんや」と」（太田幸一）

辻説法時には、自らの販売グッズの話もする。続けて大谷の話。

「例えばテレフォンカードが流行っているときやったら、その話を出すとね、あとで飛ぶように売れるわけですね。トークの中で「こんなんも作ってみたんで――」と。売りつけるような売りつけないような感じですね。「あれはタンカバイや」というた人もありました（笑）」

話術の緩急が見事であった。蝶々の映像における名演は『続・男はつらいよ』（一九六九）のフーテンの寅の生き別れた母・菊役であろう。渥美清との演技合戦であった。寅次郎が声を荒げる。「手前ェが俺を捨てたんじゃねェか！」。蝶々の菊は「やかましいわい！」と、ポーンと言い放ち、そして涙ぐみ、「何ぬかしてけつかんねん、アホ！　お前らに親の気持ちが分かるか！」と凄む。こういった芝居は蝶々ならではの芸境である。「観客を引きこんでポーンと突き放す。蝶々さんの切り捨ての芝居はそら上手かった」（新野新）

浪花千栄子の大阪弁

ミヤコ蝶々の好んだ大阪の役者に曾我廼家明蝶と浪花千栄子（一九〇七―一九七三）がいる。ともに歯切れのよい関西弁を自由に遣った。

「好んだ」と表現する蝶々に比して、藤本義一が描くミヤコ蝶々半生記『小説愛情屋』（光文社）では、浪花千栄子がミヤコ蝶々をライバル視した様子が描かれている。藤本がシナリオを担当したNHK大阪制作のドラマ『法善寺横丁』では二人の丁々発止の演技合戦が見られたという。ただ、大阪弁役者としてのミヤコ蝶々は、浪花千栄子と比べるべくもない。

「浪花千栄子でございます」というオロナイン軟膏のテレビCMは、一定の年齢以上の人々の記憶には残っているであろう。懐かしいこの広告のホーロー看板は、今でもときどき見かけることがある（浪花千栄子の本名が南口キクノというのが洒落ている）。喜味こいしが「浪花のおばちゃんの大阪弁は河内なまり」というように、浪花千栄子は大阪府南河内郡（現・富田林市）の生まれであったが、今日の目から見て浪花の関西弁の遣い分けは見事であった。浪花千栄子の関西弁を映画から見てみる。

豊田四郎監督『夫婦善哉』（一九五五）では、雇女《やとな》芸者の置屋の女将を演じた。金銭借用に来た蝶子（淡島千景）にいう。

「蝶子はん、ひっついて遊んでばっかりしてたら、あんた、お金もなくなるわいな。大事なお方（柳吉＝森繁久彌）に滅多な仕事はさせられんという、あんたの気持ちはよう分かるし。けど……（手土産に気づき）なんやの、これ？　うちにくれるの？　こんなことするさかい、あんた、所帯がもてへんのや。貧乏のもとやがな。うち来るときはこんなことせんとおいてや……せっかくやから、もろときますけど、おおきに……」

溝口健二監督の『祇園囃子』（一九五三）では、祇園の茶屋・よし君の女将を演じる。『夫婦善哉』とは違い、格式の高い御茶屋の女将。京言葉でお客をしくじった芸者・美代春（木暮実千代）に凄む。

「うちの大事なお客さんに傷つけられて、あてが黙っていられると思っておいるか？　恥ずかしいて世間様に顔向けでけへんえ。いったいどうしてくれはんねや」
「あんた、何年芸者しとおいるね。あんたらこれまでなれたんは、いったい誰のおかげやと思とおいるね。少おしはうちのこと察してくれはったら、どうえ。ちょっと、あてがお茶屋筋ひと言声をかけたら、どういうことになるか、あんた、知っとおいるか？」

浪花千栄子は、この『祇園囃子』でブルーリボン助演女優賞を受けている。

日本映画のバイプレイヤーとしての浪花千栄子の位置は、東京の杉村春子に相当するであろう。今日の杉村春子の女優としての最高の評価に比べると浪花千栄子の評価のされなさはなんということであろうか。杉村が実質「文学座」を主宰していたということや、新劇界での貢献等を差し引いたとしても、一演技者としての位置づけでは遜色がないと考える。これは浪花が大阪弁を遣ったということや、さらには大阪ではそういった芸能史の記録的な位置づけなどにまったく関心を示してこなかったことに起因するのであろう。

映画で浪花千栄子が中村鴈治郎（二代目）と並ぶとより関西弁の豊かさを堪能することができた。

吉村公三郎監督『大阪物語』（一九五七）では、超倹約家の主人・仁兵衛（中村鴈治郎）に娘・おなつ（香川京子）の婚礼について女房・お筆（浪花千栄子）がついに抵抗する。そのときの言葉遣いがいい。船場言葉を遣う。

「嫁入りはな、損得算盤づくでするもんやごわへん。一生の縁でごわっせ。なんぼお金がごわしたかて、情けのないお家へ行くことが幸せなもんですかいな……今まであんさんのおっしゃることには、何ひとつ逆ろうたことおまへんけど、これだけはきけまへん」

小津安二郎監督『小早川家の秋』（一九六二）は、造り酒屋の隠居（中村鴈治郎）が、京都に住む昔の女（浪花千栄子）の家で急逝する。亡骸を前に駆けつけた正妻の子ども（小林佳樹・司葉子）に浪花千栄子は最後の様子を静かに語る。

「（団扇を静かにあおぎながら）何時ごろどしたかいなあ。旦さんがお見えになりまして、お供をして外へ出ましてな。旦さん、大阪行くとおいいやしたんどすけど、無理にお止めして帰って来まして。私がそこんとこで手ェ洗ろてましたら、旦さん、ここんとこに座っとおいやす。なんや気持ち悪そうやなと思たら、急にこう胸おさえて……すぐお医者はんに来てもろたんどすけど、間に合いまへんなんだ……」

豊田四郎監督『花のれん』（一九五九）では、NHKラジオ『お父さんはお人好し』の名コンビ・花菱アチャコとのやりとりが見られる。浪花千栄子は因業な金貸しの老女である。アチャコが乙羽信子に訊く。

「お梅どん、あのおばはんはなんやのん？」

「金貸しのおばあちゃんでんねん」

「そう。ほな俺も金借ろか？」

浪花千栄子がいう。

「いるか？」

「へい」

「担保あるか？」

「ヘェ、裸一貫で」

「そら、あかん」

「おうら、あっさりしとんなあ」

まるで漫才のようなやりとりである。関西弁の豊かさを浪花千栄子の言葉によって知ることができる。

関西民間放送初期の司会者＝西条凡児・大久保怜・川上のぼる

余談が過ぎた。話を西条凡児に戻したい。凡児が初めてレギュラー番組をもったのが、昭和二七（一九五二）年四月七日から始まったラジオ神戸（現・ラジオ関西）の『神戸新聞アワー・ニュースクイズ』の司会である。ラジオ神戸は四月一日に開局したばかりであった。新聞記事からクイズの問題を出題するという教養的番組。生放送である。一度、三〇分番組を五分も残す失態を起こした。名人も初期にはそういう失敗をやらかしている。

昭和二七年七月、凡児は漫才の松葉家奴・喜久奴らとともにハワイ諸島からアメリカ本国まで巡業し、一一月に帰国している。在米日系人を相手に「敗戦の前夜」の話を見てきたように口演し、同朋の涙を誘った。

帰国すると関西の放送界の様子が様変わりしていた。新人の大久保怜と川上のぼるが売り出していた。凡児は〈えらいこっちゃ、ちょっと留守してる間に、素人はんにイカレタがな〉と焦った。西条凡児、大久保怜、川上のぼるは、関西民間放送初期の代表的な司会者といえる。むろん、凡児が二人を〝素人〟と思ったのは無理からぬことだ。大久保も川上もそれまでの芸界の常識ではまったく考えられない経歴でこの世界にデビューを果たしていた。

朝日放送ラジオ『明色歌謡ゲーム！』（昭和二七年七月一一日―三三年一一月一日）は、冒頭、「明色クリンシンクリーム、明色アストリンゼンでお馴染みの発売元・桃谷順天堂が歌謡ファンに……」と大久保怜が一気に早口で捲くしたて、その人気を決定づけた。大久保の回想によれば五年間聴取率トップを続けた人気番組でもあった。

大久保怜は、大正九（一九二〇）年四月二一日に横浜市で生まれている。天下の御意見番・大久保彦左衛門の子孫にあたる。父親はミキモトパールの御木本幸吉と相携えて、日本の真珠養殖業を始めたという人物である。大正一五（一九二六）年、それまで住んでいた大阪から神戸へ移ってのち、灘中学校から昭和一七（一九四二）年、同志社大学法学部卒業後、兵役で中国へ渡った。昭和二一（一九四六）年、大学時代の友人に偶然会ったのが奇縁となって、NHK大阪放送局芸能課へ入る。ここでは劇団と合唱団の両方の仕事を始めたが、のど自慢番組の、放送以外のイベントの仕事で大久保のいう「審査員屋」での仕事が始まる。大学時代にクラシック音楽の勉強を真面目にマスターしたのが役立った。あるとき、司会のアナウンサーの具合が悪くなり、楽団のバンドマスターの推挙で大久保が臨時の司会を担当。これが好評で以後司会者として活躍する。大久保が司会業とともに専門としたのが声帯模写である。モノマネは中学時代から得意であった。その声帯模写と司会業をドッキングさせ人気を得る。歌真似の、岡晴夫、東海林太郎、田端義夫、ディック・ミネ等のネタを作っていった。時代劇の大スター・大河内傅次郎の声帯模写も大久保が元祖である。

新日本放送（毎日放送）ラジオの人気番組『素人名人会』が、昭和三五（一九六〇）年五月八日からテレビ番組になる。その翌年から大久保は声帯模写と歌謡曲の審査員としてレギュラー出演した。番組では審査以上に司会の西条凡児との丁々発止のやりとりに人気が集まった。

その凡児と大久保怜の初対面の話が面白い。ラジオ番組『演芸五目めし』（毎日放送）の公開放送の控え室でミヤコ蝶々と凡児が「司会なんかやるもんやない。初めから終いまでおって出演料が安い」などと話していると、「蝶々さんの横におっただんな、三〇そこそこの背の高い、顔の四角い、眼鏡をかけた青年がだんな、「えらい、司会で悪おましたなあ」とこういうた。「へ？」ちゅうたら、「すんまへん、わしこういうもんだんねん」。フッと名刺出しはったら大久保怜さんや（笑）。それが初対面でんね、あの人と」（西条凡児）。いかにも皮肉屋の大久保怜らしい。

大久保は平成一二（二〇〇〇）年九月二四日まで『素人名人会』に出演。引退した。四〇年にわたってのレギュラー出演記録はギネスブックものである。平成一九（二〇〇七）年二月一二日、八六歳で死去。出演した居酒屋チェーン「たよし」のCMも有名であった。大村崑、久保田進（サウンドコピー）等は門下生。

川上のぼるは、本名・川上登。昭和四年一二（一九二九）月一一日、日本画家・川上拙以の次男として京都に生まれている。身体の弱かった幼年時代には、父の友人であった渋谷天外（二代目）・浪花千栄子夫妻（当時）の養子になる話もあった。京都府立第三中学時代にエドガー・バーゲン（女優キャンディス・バーゲンの父）主演のアメリカ映画を見て、腹話術に出会い、自ら人形を作り、同時に独学で声帯模写を習得し、京都市内の中学校のあちらこちらで公演、中学生のアイドルとなった。京都府立山城高等学校から昭和二四（一九四九）年四月に京都学芸大学音楽科へ入学する。同年の一一月六日、「宝塚中劇場」で本格的な劇場に初出演を果たした。

このときには流行亭歌麿呂・八千代、五代目笑福亭松鶴、芦乃家雁玉・林田十郎らベテラン勢と共演。昭和二六（一九五一）年一一月一八日、川上の人気が爆発する番組が始まる。朝日放送ラジオの『ハリスクイズ』（―昭和三四［一九五九］年一一月二九日）は、川上のぼるが操る腹話術人形・ハリス坊やの「一等賞（イットーショ〜）！」との叫び声が子どもたちに人気沸騰した。ラジオで腹話術が通用するというのも、戦後復興期のわが国聴取者の想像力の豊かさの証明にもなろう。今日、川上のぼるは戦後の学生タレント第一号といわれている。昭和三一（一九五六）年六月一日、川上は森光子とともに朝日放送の専属タレントになっている。

平成二五（二〇一三）年九月七日、八三歳で死去。

関西の司会者の面白さは、司会そのもののほかに余芸（本芸？）を持ちあわせているということである。漫談、声帯模写、腹話術等々、何時いかなるときにでも出演者の穴埋め、代演を務めることができる。

関西民間放送草創期の代表的司会者、西条凡児、大久保怜、川上のぼるの三者に共通していることは、キャラクターの容姿が関西らしくなく意外と洗練されたスマートな面立ちであるということである。この法則はその後の浜村淳や上岡龍太郎にも十分当てはまる。西条凡児が放送タレントとしてブレークしたのは、昭和三〇（一九五五）年のことである。四月一〇日からは新日本放送（毎日放送）のラジオ番組『ポポンタイム 凡児のお脈拝見』が始まっている。

一〇月五日には、同じく新日本放送において『素人名人会』が始まった。両番組とも長寿番組となり、その後、テレビにも移行された。

『凡児のお脈拝見』

『凡児のお脈拝見』は、時事漫談番組。塩野義製薬提供。毎週日曜日午後一二時四五分からの一五分番組である。基本的には当時、阪急百貨店屋上にあった新日本放送のスタジオに観客を入れて収録した。今日、パーソナリティがスタジオで座っておしゃべりするのとは違い、凡児は舞台で漫談を演じるときとまったく同じ形式で収録した。放送前の木曜日に三〇分ほどで収録し、編集ののちネット局にテープダビングしたものを送付して同時放送した。

ほとんど初期からこの番組を担当していたのが新日本放送の西谷（旧姓・島田）和子である。凡児は舞台同様舌鋒鋭くしゃべった。いくら編集をしたからといっても舌禍事件は起こった。西谷はいう。

「それはもう直接受付へ（クレームが）来ましたもん。（問題になることを）「いった」というてね。「でも、放送して一週間経ちますから、テープは全部消してあります」と。「だからそうおっしゃられても……」というてね。本当はあるんですけど（笑）。あとでテープを聞いたらやっぱりその人がいってることをいっているんですよ。それはもうしょっちゅうでした」

『ポポンタイム 凡児のお脈拝見』は、三木鶏郎作詞作曲「ポポンとね！」――〽ポポン、ポポン、ポポン……のテーマ曲から始まる西条凡児の社会風刺漫談番組である。凡児の「こんな話がおまんねや」のひと言は、この番組開始当初から使いだしている。

凡児は番組で扱う内容について、どこから集めているかとの質問に「新聞だんな。それとラジオ。それから自分で感じたことや人から聞いた話を共感を呼ぶようにもっていくわけですわ」と答えている。すべて自作自演で、本番前には自宅にあるテープレコーダーを使って放送の予行演習まで行ってネタを作った。話の構成にも緻密な計算が働いた。さらに凡児は「みんながいいたいこと、鬱憤を晴らしたいことを代弁するつもりでやっている」ともいう。だからときに激した。

凡児が「芸の上の長男」と称して信頼した朝日放送プロデューサー・馬場淑郎は、凡児の漫談について話す。

「凡児さんの漫談というのはいわゆる起承転結とか、そんなんじゃなくて、リズム的、音楽的なリズムがあるんですよ。抑揚もあるし、序破急みたいなそんな感じがあるんだと思うんです。そのかわり段取りはものすごく考えてるんですよ。だけどアドリブ的な感じでしゃべるでしょう。とても計算されてるんだけど、それを感じさせないような芸だと思う」

大久保怜も語る。

「漫談というのは私は新しい芸だと思う。ネタも古典は一切ない。そのときの世情やら政治、風俗とかをいうことが中心だったわけ。そういうやつの凡児の歯切れの間のよさというのにはびっくりしたなあ。凡児のはね、まったりとした大阪言葉なんですよ。だから、えげつないことをいうても、その柔らかさと間でね、もたすわけやね。そういうのがやっぱり独特の芸やったですな。誰もあれに並ぶ人はおれへん」

六代桂文枝（桂三枝）も西条凡児から大きな影響を受けた。文枝もいう。

「ぼく自身が凡児先生から受けた影響というか学んだことは、つまり話のもっていき方が〈事実〉〈誇張〉〈飛躍〉で、笑いを重ねていくということなんです。その方程式が凡児先生の漫談だったと思うんですよね。まず、お客さんに「今日、家出て来るときに玄関のところに蜂が巣を作ってまんねん」という話をするわけですよね。「なるほどうちもようそんなんあるな」という事実から誇張していって飛躍してゆくという。その話の入口がものすごく分かりやすいということがあったと思います。そこがほかの人とは違うところだったんじゃないでしょうかね」

凡児の話芸はあくまでも繊細であった。

『素人名人会』

西条凡児の司会芸について、桂米朝は書いている。

〈漫談は無論すばらしかったが、私はこの人の真骨頂は司会者凡児であったと思います〉〈漫談の時の傍若無人といった芸風が司会者になるとガラリと変わりました〉

西条凡児は司会の仕事に誇りをもっていた。著作にも書く。

〈あちら式でいうと、マスター・オブ・セレモニーやからね。日本では、なんや司会者いうと馬鹿にするけど、向こうでは、司会いうのは座長がする役でしょう。全体を掌握する座長がするのやからね〉

一座の座長。その覚悟をもって挑んだのが凡児の司会者としての仕事である。

『素人名人会』という毎日放送の看板番組があった。のど自慢だけでなく、舞踊、謡い、漫才、落語、ものまね、あらゆる素人自慢の審査番組である。『素人名人会』は、まずは昭和三〇（一九五五）年一〇月五日からラジオ番組として始まった。一年半のブランクののち昭和三五（一九六〇）年五月八日から今度はテレビに移行し、平成一四（二〇〇二）年三月一七日まで約四二年間続いた。ラジオ、テレビを通しての司会は西条凡児である。この司会者ぶりがまさに座長であった。うめだ花月の緞帳前からの生放送番組である。「また、名人会を見てもらいます」。挨拶のあと、凡児の漫談的なしゃべりが少しある。単なる素人参加番組の構成ではない。続いて座長として「審査員の先生の顔を見てもらいまひょ」と、審査員（俗曲の柏貞子〝のち哥沢芝虎〟、日本舞踊の花柳芳兵衛、落語・色物の三代目林家染丸〝のち桂米朝〟、歌謡曲の中沢寿士、歌謡曲と声帯模写の大久保怜）並びに楽器演奏者に至るまで一人ひとりを丁寧に紹介しそしてときには絡んでゆく……。

凡児「次はお子たち三人男の子、可愛い子。今よそのテレビでちょっと出てはりましてんけど。桂米朝師匠です。どうぞよろしゅうお願いします……米朝さん、可愛い坊ちゃんでんなあ。あの、皮肉でも何でもなしに、わしあんな子やったら欲しいわ」

米朝「直に憎たらしなりまっせ、もうちょっとしたら……」

凡児「そら、親に似るから……」

米朝「いやあ……（笑）」

中でも大久保怜とのやりとりは名物であった。

「ボーンと言葉の鉄砲を撃ってくるのは私とこだけなんです。その度に私がポーンと返す。そのやりとりの呼吸というのが、評判になった」（大久保怜）

審査の途中でも凡児は大久保に急にふる。

凡児「大久保さん、一二（歳）で一一枚の電報（が来てます）」

怜「なんの関係があるのか分からん」
凡児「何も関係がおまへん……」
『素人名人会』では、その西条凡児と大久保怜とのやりとりが人気を呼んだ。「凡児さんが大久保怜さんをなぶってオモチャにするねん。つまり怜と凡児は喧嘩相手やというネタにしようと考えた」（桂米朝）
一七歳の少女の歌真似審査中……。
凡児「大久保さん、あんな色気のある発音どない思いなはる？」
怜「あんた、そやけど一人で何を喜んだはりまんねん？」
凡児「喜びまっかいな。昨日の今時分、あんた西宮の香雪病院でバリウムだっか、白いの飲まされてましてん。白いのがこない（たまっている）なっとるねん。あとで大久保さんに半分分けたろ思てんねん」
怜「そんなもんはいらんけどね、何を聞いた今？　何を聞きはりました？」
凡児「（噛んで含めるように）あ・な・い、色気のある……」
怜「あ〜あ、色気のある声を出してええのんか？と。そら、本人の好き（勝手）でっしゃろ」
素人番組司会について凡児は語っている。
「よく、司会者のほうが主役で、お客さん笑わせて、出場者そっちのけの番組がおますわな。

あれはどうも、わたし賛成でけへんのでね。主役は出場者で、司会者はその補佐でしょ」

子どもが出場したときには「さあ、名人賞を獲ってよ」と――ワイヤレスマイクのない時代、凡児はスタンドマイクを倒し、子どもの口許へともってゆく。審査のときに落第でも「ごくろうさん、よかったよ」「先生に誉めてもらいまひょ」と、とにかくフォローする。名人賞が出ようものなら「バンザァ〜イ!　おめでとう!」と叫び拍手する。

「素人さんに傷をつけないようにあれで非常に細かい神経を遣っていました。審査員がちょっときついことをいうといちいちフォローしてね、優しいところのある人やねんなあと、そらその時分から思いましたよ」（桂米朝）

「ごくろうさん!」「もうちょっと聞きたかったねェ」「悪いことおまへんねで。誉めてなはんねやで――」「待ってました〜!ちゅうて大向こうから声がかかりました。大相撲みたいなな」。凡児の言葉である。

審査のポイントも毎回丁寧に印象に残るように凡児が重ねていう。中沢寿士の音楽評である。

中沢「立派なお声ですね」

凡児「いいお声」

中沢「ちょっと歌が全体に重たい」

凡児「重たい」

中沢「ようすをし過ぎたね」
凡児「ああ、そうですか」
常に出場者の目線に立った。そして凡児は番組全体を素人参加の、ひとつのバラエティショウに仕上げた。
「凡児さんの番組の場合は、プロアマ全員の一座の座長として最後に頭を下げて幕という感じだった」（馬場淑郎）

『おやじバンザイ』

西条凡児の代表作『おやじバンザイ』（朝日放送）は、この時代の人気番組のパターンらしく、まずはラジオの三〇分番組として始まっている（昭和三五［一九六〇］年一〇月一三日開始）。ラジオ時代のタイトルは『凡児のおやじ万歳』であった。

この番組の企画意図を新聞の番組案内から引用してみる。

〈会社で気を使わねばならないし、家へ帰れば何かとウルサイことがある。一生懸命働いて割の合わないのが最近のおやじだ。そういう状況を父親自身どう考えるか、子どもはそんなおやじをどう見ているかを、西条凡児の巧みな話芸でおもしろく引き出して行こうというもの〉

父親と子どもが一緒に出演する聴取者参加番組である。

朝日放送の松本昇三が企画した。松本から出演依頼を受けた凡児は「色ばなしでなし、日本のおやじがラジオに流れる公開の席で自分の家の内輪話はしまへん。企画は面白いが実現はできん」との理由で話をいったん断った。松本の殺し文句が洒落ている。「日本中であんたしかできん。頼む！」。凡児はこの仕事を引き受けた。

西条凡児は、素人参加番組の司会では毎回細心の神経を遣っている。著作にも〈相手の出場者はしろうとはんですから、相手を傷つけないこと、これにいちばん神経を使うとります〉と記す。

さらに〈たとえば無礼なことというても、それが無礼になるかならんか、いうことやね。ニガいものをニガいいうのは当たり前ですけど、それを「こんなもん、ニゴうて食えるかいな！」までいうてしもうたらいけないわな。「ニガいな。けどなんですな、このニガ味があるさかいに、竹の子はやっぱり缶詰より生のほうがええなあ」というとね、カドがたちまへんやろ。なんとなくホッとする。最後に救いがある〉。

〈わたしの、凡児の話法でいきますとね、八つまで落とすわけ、それで最後のひとつかふたつで、ぽっと持ち上げる。すると、かえってそのことが強く印象にのこって生きてくるということやね〉と書く。

話術のプロは、この法則を当意即妙に駆使して番組を情味豊かなひとつの作品へと仕立てる。ラジオ版『凡児のおやじ万歳』は、昭和三九（一九六四）年四月二七日にいったん番組が終了した。不思議な話がある。朝日放送に笹岡薬品の社長が別件の話し合いに訪れた。時間待ちにと朝日放送側がお蔵入りの『おやじ万歳』の録音を聞かせた。「これ、うちでテレビでやろう！」とすぐに話が決定。以後、西条凡児と笹岡薬品との誠実な長い交流が始まる。

『おやじバンザイ』（当初は『おやじ万歳』と表記）のテレビ放送が始まったのは、昭和三九年九月一六日のことである。朝日放送系列、毎週水曜日午後一〇時三〇分からの三〇分番組である。ディレクターは、西条凡児に心酔する馬場淑郎が担当した。

番組構成は基本的にはラジオ時代の型を踏襲している。子どもの父親感、家庭内における父親、子どもから見た父と母、父親への希望、父が子どもに抱いている夢などを、凡児が巧みな話術で話を引き出してゆくというものだ。明治生まれの武骨そのものの父親が大半を占めていたこの時代に、凡児は常日頃あまり表面に出ることのない父子の愛情のドラマを笑いを交えて切り取り、たったひとりで番組を仕切る。

番組は、当時の人気アイドルグループ・ジャニーズが歌う主題歌から始まる。凡児が登場する。冒頭は凡児が身近な話題や、社会風刺漫談調の話を語る前説である。

ときには番組宛てにもらった千羽鶴を紹介して、「千羽鶴で思い出すのが、三年ほど前でしたか。まだ『おやじバンザイ』がラジオでやっとりました時分に紀州の和歌山のある病院から、一二か、一一か、小学生六年生のお嬢ちゃんから小包をもらいまして、それを開けたら、もっと小さいので千羽鶴を三〇〇ぐらい糸に通したやつでね。拙い字ィで〝おじさんの私はファンです〟と。〝病床でいつもトランジスタラジオで聞いてますけども、おじさんの話は面白い〟と。〝私は胸が悪いしお父さんがいません。母子家庭です〟と。〝けど、これをおじさんの健康のために送ります〟ちゅうて贈ってくれはりました。私、それを家へ三〇〇ほどのやつを吊っといて〝まあ、病気やのに細かいのにようしてくれはったなあ〟というてましして、返事を出そ出そと思て、ついとり紛れてましてひと月ほどしたら同じ病院から男の手ェで手紙が来まして〝一同〟として〝実は凡児さん、あんたのところへ千羽鶴を送ったお嬢ちゃんがいましたやろ〟と。〝あの人が昨日亡くなった。死ぬまで「凡児さんからの手紙、まだか？　まだか？」いうてはりました。あの千羽鶴が届いたかどうか〟という手紙をいただきました。私、あとでお詫び状を出しましてんけどね。もう小さな娘さんは帰って来られません。そんなことはおまへんように全国の皆さん、この千羽鶴にあやかって達者でおっとくなはれ……」としんみりとしたエピソードを紹介することもあった。

そしていよいよ素人の親父さんと、その家族の登場とあいなる。

まずは司会の凡児が親父さんに対して、「さあ、次のお父さん、お会いしましょ。どうぞお越しください！」と拍手をもって迎える。「ようお越しくださいました。座ってお話ししましょ」と心遣いは細かい。氏名、年齢、職業を訊ね、続いて「はい、お子たち出てください！」と子どもたちを呼び寄せる。

父親を肴に家族の生活――そのドラマを凡児は切り取る。父親が熱心に勧める縁談を断りたい娘がいた。そこで父親は自分の面子を立てるために娘に家出を勧める。

凡児「お父さんが勧めた結婚やのに、どうでも行けいうといて、結納をとり交す前の前の晩に「お前どうでも嫌なら家出せえ」と。ほいで「手紙の文句まで考えてやる」と」

娘「そうなんです。それで書いたんです」

凡児「書いたん？　それで上書きはどうしたの？　上書きはなんと書いたん？」

娘「父上様」

凡児「父上様て――父上様が教えたんやないの？　お父さんはどうした？」

娘「お父さん、驚いた」

凡児「驚いた――驚いたて、自分で教えたんと違うの？　お父さんも役者やねえ、こらあ……」

『おやじバンザイ』を担当した馬場淑郎は語る。

「凡児さんは、ミヤコ蝶々・南都雄二二人での司会番組『夫婦善哉』の場合とは違って、ボケとツッコミを一人で演るからこらまことに大変だと思うし、それに相手は芸をもっているプロの人ではなくて、それどころか自分のことをしゃべるのが精一杯の素人さんなんですよね。だからそれを上手くしゃべらし、一座——いわゆる凡児一座の、それぞれの役どころを作って、しんみりさすところと、パッと一転して笑わすところと、そこらへんが毒舌も相まって、非常に上手かったなあと思いますね」

塗装業の父親。

凡児「(一番下の娘に) お父ちゃんになんぞしたげなはるか?」

娘「別に何も。未来にね、跡を継いだげるぐらいです」

凡児「えらいあんた難しいことをいいやんねえ。肩叩くかなんぞいおう思たら、未来継いだげる思てて。お父さんのペンキの仕事を?」

娘「はい」

凡児「そうですか。お姉ェちゃんは?」

姉「私はもちろん出ます」

凡児「出る? 出るのは自慢やおまへんで。通じのないときは出るほうがええねんけど……。お父さん、娘はいうたらいかんけど精がないねえ」

父「精がないね、ほんまに……」

凡児「綺麗にして、こないなったら、皆よその男がタダでもって行きよんねん――」
軽妙洒脱な司会。景品を手渡す「さあ、おみやげ、おみやげ！」のきっかけでトークは終了する。
西条凡児が番組で相手にする出場者は社会的には弱者である素人である。だから、凡児の司会は常に相手の目線に立った優しいものであった。著作にもある。

〈時どき「何いうてはんの、お父さん」というような場面がある。ちょっと親にきつう出といてね、「なあ、おじょうちゃん」と、こういうでしょ。そうすると、そのお嬢さんに対するいたわりが倍になって通じる。また、お父さんに対するネギライでも、「ちょっと言葉つつしみなはれ、おじょうちゃん。女の子のくせに」いうといてね。「なあ、お父さん。長いこと苦労して大きゅうして、ただ上げるのに」いうとね、お嬢さんはお父さんが立てられたことで、自分がカチンとやられても帳消しになる、もちろんお父さんへのあとの言葉も倍になるということでね。そやから、遠近法やね、写真でいう。それと墨絵でいう濃淡やね。そういう効果がおますのや〉

『おやじバンザイ』と同工異曲の番組に関西テレビ『凡児の娘をよろしく』がある。同番組についてのテレビ評が『朝日新聞』(昭和四七年一〇月一七日)に載った。

〈火事で丸焼けになった婚約者のもとに、一から出直しを承知でとつぐという二十四歳の娘さんが登場して「ええときばかりが夫婦やない」と、けなげなことを口にするとたんに、凡児が「そら、歳いってからいうこっちゃ」とひやかしておいてから、ひと呼吸おいて「いえんこっちゃなァ」と独白のようにつぶやく〉

繰り返しいうが凡児が相手にする人々は社会的な弱者である。まず最初に相手を少しけなし、そのあと持ち上げる。ほのぼの感が漂う。相手が権力者である場合はこの逆をやればよい。初めに少し誉めておいて、あとでけなす。爽快感が出る。

田原総一朗の相手は権力側の人間が多い。凡児の逆である。『サンデープロジェクト』（テレビ朝日）では、冒頭とにかく迎えたゲストに対し、いかにその人がキーパーソンであり、今日番組に出演したことが貴重であるかということを視聴者に訴える。

記憶で書く。亀井静香が『ニッポン劇的大改造』（扶桑社）なる著作を出したときのことである。番組冒頭、田原は「亀井さんのこの本、読ませていただきました。私は大変結構だと思いました」とまずは誉めた。そして本題の対論となった。田原は亀井にいろいろと質問を浴びせたうえに「いっちゃあ悪いが、こんなもんは…」と亀井の著作をつかんで片方の手で叩き「デタラメもいいとこですよ！」とご無体なことをいった。

これもテクニックである。もっとも田原と亀井は常に喧嘩友だち的なスタンスではある。

〈恐喝といわれた〉事件

西条凡児の事務所兼自宅は、昭和三三（一九五八）年八月以降亡くなるまで大阪市東区（現・中央区）安土町の内外ビル四階四〇二号であった。昭和三九（一九六四）年一月、住居真下の三〇二号室でガス漏れ事故が発生。二人が亡くなった。凡児も体調に異変をきたし、可愛がっていた錦花鳥が死んでいる。凡児はもともと小心で神経の細かい性格である。この事件をきっかけに神経過敏になってゆく。凡児は生涯に三度うつ病にかかっている。

世は高度経済成長期である。昭和三九年八月に住居東側の東横堀川上で阪神高速道路の橋脚取り付け工事が始まった。日々ものすごい騒音で、神経に変調をきたし、道路公団にクレームをつけた。騒音公害の保証が現代ほどはっきりとしていない時代である。建設会社が見舞金を持参した。騒音のため神経がイラ立った。昭和四四（一九六九）年一〇月からは、凡児事務所のすぐ東隣の鉄筋三階建て東郵便局の解体新築工事が始まっている。この騒音はすごく、地元住民からもクレームが出た。凡児はしだいに体調を崩してゆき、二度目のうつ状態になってゆく。日記に書く。

〈大阪の六帖の居間にただ寝て、起きて考えて、冬の空を時にアホで、くも蛾の如き車の数を見、夜通し高速を通る音に悩まされて、上のガキどものどしんどしんや、附近の工事場の響き、スモッグ、ＥＴＣ！〉〈睡眠誘導剤、ベンザリンを毎日2錠ずつ飲んでも眠れない夜もあり、起きてはふぬけみたいに何一つ判断力がなく、まるで中風病の頭の如く、その回転の遅い事〉

死を意識した。

「ぼくらが事務所へ凡児さんとの打ち合わせに行きますわね。そうするとしゃべりを中断しないとどうしようもない状態の工事の騒音なんですから。昼もそうだし、夜も突貫工事をやったはずです。家族の人にいわれましたもの。「馬場ちゃん、なんとかしてよ。もう（ビルから）飛び降りかねないんだから」と。それで近所のお医者さんのところへよく安定剤をもらいに行っていました。襖に大きな太い字で〈ああ　しんど〉とも書いてました。あの時代、あの人はホントにしんどかったと思う」（馬場淑郎）

昭和四五（一九七〇）年六月一六日の日記にこう書く。

〈永かった、ウツ病よ。昨年暮から、約五ヶ月間。ふり返って、よく、まあ、立ち直ったと思う〉〈よかった。しっかり、仕事、よい仕事にして打込もう〉

しかし、うつ病以上の試練が凡児を襲うことになる。

昭和四五年八月二六日の新聞各社の見出しには凡児の名前が踊った。俗にいう〈恐喝といわれた〉事件の始まりである。

昭和四五年八月二六日の『朝日新聞』の見出しにはこうある。

〈眠れまへん　やめぬとテレビで　凡児騒音に怒る　抗議し補償90万円　建設三社から受取る　判断に苦しむ警察　権利行使か　恐かつか　「悪質」と建設会社〉

『サンケイ新聞』の記事。

〈テレビ番組「おやじバンザイ」などの軽妙な司会役で人気のある西条凡児（五五）＝本名・河内弘明さん＝の仕事場の周囲で建築工事が続いた。連日の工事騒音にたまりかねた凡児さんは建設会社などに「うるさくて、仕事に支障をきたす」とねじ込み、三社から計九十万円の〝見舞金〟を受取った。ところが会社側の中には「テレビでいやみをいわれては困ると思い、やむを得ず支払った。実害の少ない騒音で金をまきあげられるとは…」と主張、大阪府警捜査四課に〝恐かつされた〟と被害届けを出した〉〈三十九年九月、内外ビル近くで阪神高速道路の橋ゲタ工事（施工＝N建設）がはじまった。続いて四十四年四月、同区本町一でホテル「H」の改装工事（施工＝A組大阪本社）が、同年十一月から同区安土町の東郵便局解体作業（工事請け負い＝I組）と工事が相次いだ。凡児さんは、いずれの場合も「騒音と振動で仕事ができない。ビョウ打ちのリベットやミキサー車がうるさい」といって、N建設から五十万円、A組から十万円、I組から三十万円と計九十万円を工事中に見舞金、迷惑料の名目で受けとっていた〉

報道はしだいにエスカレートしてゆく。凡児のもとへは新聞、週刊誌の記者はやってくる、見知らぬ人からの手紙はくる、電話がかかってくる。その半分以上が裏切られた、庶民の味方が恐喝し、しかも九〇万円もの金をひとりじめするとは何ごとだといった調子のものであった。

「ぼくはあの恐喝事件というものは非常に誤解されていると思う。ぼくはあの事件の前のいわゆるうつというのかノイローゼの状態を知っていますからね。なんでこれが問題なのか、今なら当たり前ですよ。この恐喝事件というのは絶対に警察のフライングなんです。公害事件の走りみたいなもんでした」(馬場淑郎)

上岡龍太郎の父・小林為太郎は弁護士であった。

「ぼくは凡児先生が事件で新聞沙汰になったときに家へ帰って、すぐうちの親父に「凡児さんのあれはどやのん?」って訊いた。うちの親父は即座に「無罪、なんの罪もない!」というた。ぼくはもういち早く皆に「あれは、もう無罪ですよ」って(笑)。結局、報道が先行したというか、それで責任をとるみたいなことになった」

昭和四五年九月三日、西条凡児は〈恐喝〉といわれた事件の関係で、大阪府警本部に任意出頭している。翌九月四日、毎日放送は西条凡児の『素人名人会』の司会からの降板を発表した。凡児の司会は結局五三〇回で終わった。司会は横山やすし・西川きよしに替わり、やがてやすしも降板、西川きよしの一人司会で番組は落ち着く。

一〇月一九日、大阪府警は大阪地検に西条凡児を書類送検している。その日の午後、朝日放送は『おやじバンザイ』の司会から凡児を外すことに決定する。

大新聞、夕刊紙を含めた新聞各社は〈凡児恐かつで書類送検〉〈「恐かつ罪」と断定〉〈恐かつ容疑れき然〉〈芸能界も追放〉〈凡児、ついに〝クロ〟〉などの見出しで世論を煽った。

『徳島新聞』に飼手誉四《かいてたかし》という人が記している。

〈西条凡児が恐かつの容疑で地検へ書類送検された。これで事件は大阪府警から検察庁へ移ったわけだが、書類送検という手続きは交通違反でもとられる手続きだから、凡児の裁判が始まったわけではなく、もちろん、その有罪が一段濃くなったといった性質のものでもない〉〈どう考えても大阪府警は凡児を有罪にしようと、アタマから決めてかかっていたように思われる〉〈書類送検はしたが、地検が果たして公判維持に確信を持ち、起訴するかどうか。筆者は不起訴にしたり、起訴猶予にする可能性が十分あると予感しているが、もし地検で不起訴にでもなったら、大阪府警はその責任はどうとるつもりか〉〈また凡児をテレビ番組から、アタフタと引きずり降ろしたテレビ局にも苦言を呈したい。法治国には「有罪になるまで無罪だ」という大原則があることを忘れているわけではあるまい。長年好評の番組を司会したタレントを、警察の任意出頭や書類送検の段階でクビにするのは、非常識であり、無残な仕打ちである〉

反骨のジャーナリスト・竹中労は『問題小説』（昭和四五年六月号）に次のように書いた。

〈はっきりいおう、西条凡児事件は警察権力と土建屋、大阪都市計画・建築ブームに、蟻のようにむらがる工事請負業者との合作で、フレーム・アップされたのである。ちょっと頭をはたらかせればわかる、凡児を恐喝犯として送検・起訴することができれば、そして有罪判決でもおりれば、騒音公害は逆に免罪される〉〈いうならば、みせしめのスケープ・ゴート（いけにえの山羊）に凡児はえらばれ、罪を着せられようとしたのだ。マスコミは読みの浅さを露呈し、警察発表をウノミにしたのである〉

〈恐喝〉といわれた事件で謹慎中の西条凡児は、昭和四六（一九七一）年二月二二日、京都会館第二ホールの「高石ともやフォーク・コンサート」（京都・大阪文学学校主催）にゲスト出演し、『沈黙せず』と題した舞台を務めた。

〝喧嘩の竹中〟の異名がある竹中労は、そのときの録音を聞いて記事を書いた。

〈あたしゃ、さる人に依頼して採ってきてもらったテープを聞いて、涙がこぼれた。「もうちょっといわしとくなはれ！」「会場のみなさん！　ちゃんと証人になっておくなはれや！」と呼びかけるたびに強い拍手が湧く、凡児はうれしかったろう。半年ぶりの舞台だった。ところが新聞報道はどうだ。見出しを拾うと「凡児舞台で八つ当り」「マスコミはウソッぱち」「聴衆ア然」（新大阪）、記事の書き方も「いや味たっぷりな表現」「毒舌はお門ちがい」「まるで自分はシロであるかのような」（新大阪）といった具合、「会場白けた雰囲気」「とぎれがちの拍手」「やけっぱち？の構え」（大阪日日）と、熱気あふれた会場の雰囲気に水をかけ、「報道陣の印象は必ずしも及第点ではなかった」と恫喝する〉〈あたしゃ同業者として上方ジャーナリズムの

退廃に怒りを禁じ得ない〉

池に落ちた仔犬は棒で打てということであろう。この構図は、現在でも変わらない。

昭和四六年三月二〇日、大阪地検刑事部は西条凡児を不起訴処分とした。二一日づけの『朝日新聞』である。

〈同地検は、凡児を調べ、建築業者、付近の住民から事情を聞いた結果①金を出した三業者のうち二業者までが「騒音、振動がひどいので工事中止、工法の改善要求されたのに対し、迷惑をかけている補償として金を出しただけで、恐かつされたのではない」といっており、被害意識を持っていない②凡児が、テレビ、ラジオで公表するといった内容が、ただ「工事の騒音、振動で住民が迷惑している」ということだけと推察される。騒音、振動で迷惑していることは付近の住民には公知の事実で、個人のプライバシーのようにそれをかくすことが法律的に保護すべき性質のものでない③凡児と業者の交渉過程のなかで「テレビ……」の発言があった段階では、金の話は出ておらず、工事中止、工法の改善要求が目的だったと考えられる④業者の出した金の額が業者の任意のもので、凡児が要求したものでない――などの理由で「犯意の立証はできない」との結論に達したものである〉

凡児の社会的な無罪は証明された。しかし芸能界での凡児は処刑、遠島に処せられたも同然であった。

『凡児の娘をよろしく』

凡児の芸能活動の復帰にはかなりの時間を要した。凡児に自発的な処分を課した関西のマスコミ連は、挙って様子見を決め込んでいたのだ。

凡児の復帰第一弾として発表されたのは、昭和四七（一九七二）年四月一日からの開局予定のUHF局びわ湖放送の番組『凡児のおいでやす』（昭和四七年四月五日―四八［一九七三］年三月二八日）であった。発表されたのは、昭和四六年一二月一五日のことである。

続いて昭和四七年一月一二日、関西テレビから『凡児の娘をよろしく』の放送開始が正式決定された。これはスポンサーである笹岡薬品の先導によるものである。笹岡薬品は凡児降板後も前田武彦司会で続いている『おやじバンザイ』（朝日放送テレビ）のスポンサーでもあった。笹岡の社長は、事件渦中から凡児の応援団でもある。『凡児の娘をよろしく』のプロデューサー・田原敏孝はいう。

「笹岡薬品さんは凡児さんと深い関係で「凡児さんで番組をやりたい」という希望をもっていて、「それじゃ」ということになりました。そのころ、編成は二の足を踏んでいたようだけども、営業要請みたいな形でね。（凡児復帰に）真っ先に手を上げたんです」

『凡児の娘をよろしく』は、嫁ぐ日の近い娘とその両親、婚約者、婚約のきっかけを作った人たちを登場させ、凡児の話芸で暖かい親と娘の愛情を浮き彫りにするといった趣向の番組である。朝日放送の『おやじバンザイ』には、セットから番組構成までが酷似していた。むろんスポンサーも同じである。初めは視聴率も芳しくはなかった。

「批判の手紙、電話が滅茶苦茶多かった。「なんでそんなもんを使うんや！」というね。『朝日新聞』の放送記者が『娘をよろしく』は二番煎じじゃないかという記事を書いた。ぼくはその反論を二、三回、新聞に書きました」（田原敏孝）

しかし、その『朝日新聞』もしだいに〈さきに凡児が司会をしていた人気番組「おやじバンザイ」（朝日系）のあきらかな二番煎じで、しかも二番煎じの域を脱した成功作といえよう〉と評価しだしたころから徐々にではあるが視聴率も好転しだし『娘をよろしく』は長寿番組となってゆく。

昭和四九（一九七四）年一〇月六日からは『凡児のお手並み拝見』（―昭和五〇［一九七五］年九月二八日・関西テレビ）という番組も始まっている。これは玄人名人会とでもいうべき趣向の番組である。

『凡児の娘をよろしく』（関西テレビ）の番組放送期間後半に、西条凡児のうつ病が再発した。

「凡児さんがそのころからノイローゼというか、また、うつになった。ぼくは凡児さんの三回のうつを経験しているけれども、最後のが一番ひどかったですね」（馬場淑郎）

関西テレビの田原敏孝は証言する。

「途中からね、前説がちょっとできなくなってきた。番組としてはそこをなんとか強化しなくてはいけない」

親娘と凡児とのやりとりには、女性アシスタントをつける対策がとられた。

「凡児さんは俺は日本一のピン芸であると思っていた。もちろんぼくらもそう思っていた。ところがうつになって、いつもの丁々発止のやりとりができない。関西テレビはアシスタントをつけた。そのことは西条凡児という人の芸にとって最大の侮辱だったわけです。自分の芸に×点を喰らったと思った」（馬場淑郎）

全国ネット番組としての視聴率低下も問題であった。もはや『凡児の娘をよろしく』は番組としての寿命が尽きた。第三六五回目の昭和五四（一九七九）年三月二九日の放送が最終回であった。番組終了とともに西条凡児はブラウン管から姿を消した。

晩年、凡児は病状が癒えると悠悠自適の引退生活をおくった。半紙に毛筆で日々感じた事柄を日記代わりに記した。凡児は常々「葬式は生きているもののためにする。死んだ人を忍ぶなら一人でもできる。葬式は寺や葬儀屋を儲けさせるだけや」といっていた。「葬式や告別式はしないでほしい」と遺言状に書き、「大阪大学医学部白菊会」に献体を申し入れた。
凡児は、最晩年の五年間は脳梗塞のため闘病生活をおくった。平成五（一九九三）年五月三一日、西条凡児没。享年七八。関西話術のパイオニアは静かに逝った。戒名は〈西条院釋弘徳〉。凡児が好んで使った〝凡〟の字は入っていない。

*

浜村淳が西条凡児に初めて会ったのは、二五歳のときであった。大阪北新地を広告会社・電通の社員と一緒に歩いている折に出くわした。
「それでね、電通の人が「これ、浜村淳というて漫談も演りたいというてますねや」と紹介をしてくれたんです。そのときに凡児さんが「幾つですか?」っていわはったんで、「二五歳です」というた。「は〜、えらいな。えらい、えらい。私らがな、二五のころにはそんな電波にのるということもなかったし、なかなかあんたらみたいなしっかりした仕事はやらへんかったんやで。まあ、きばんなはれ」というてくれたんを覚えてますわ」（浜村淳）
浜村淳は、西条凡児の芸脈を継ぐ一人である——。

第二部　浜村淳の話芸

京都アクセントを生かす浜村淳

さて、この章では浜村淳の話芸について考えてみたい。

浜村の芸能活動の肩書は、司会者、パーソナリティ、そして映画評論家である。多岐にわたる。その浜村がライフワークとして取り組んでいる番組が、毎週月曜日から土曜日までの朝に放送されている毎日放送ラジオ『ありがとう浜村淳です』である。放送開始は昭和四七（一九七二）年一〇月一四日。なんと浜村は四〇年以上もの間、関西の朝の顔（声？）としての活動を続けている。関西人にとっては浜村の話術は、今や当たり前の存在である。

その話芸についてのトークがあった。かつて上岡龍太郎と笑福亭鶴瓶のコンビで絶大な人気を得たよみうりテレビ『鶴瓶・上岡パペポＴＶ』の第一回目（昭和六二［一九八七］年四月一四日）の放送においてである。番組宛てに女性視聴者から手紙が来た。鶴瓶が感情を込め朗読する。

上岡「その読み方、やめてくれる？　普通に読んでくれる？」

鶴瓶「（笑）ぼくは女やったら、女のような読み方をしてしまうんです」

上岡「それやったら浜村淳や！」

鶴瓶「（笑）ああ、そう、浜……」

上岡「おじいちゃんのセリフ〝お・ま・え・は・な・あ〟ッていうてやるやないですか」
鶴瓶「(笑)ぼく、あれ好きですけどねェ。朝の、ホンマ分かりやすい……」
上岡「ぼくも好きで、分かりやすうて。朝て、こう寝起きで分かりにくいやん？　頭がボォ――ッとしてるときに分かりよいもん。朝からぼくみたいなんがいうてみィな、ややこしいて分からへん。ぼくはやっぱり夜(のしゃべり)やね」
鶴瓶「(浜村さんのしゃべりは)好きですけどね」
浜村淳のしゃべりは、〝てにをは〟をはっきりと発音する。「子どもさんにでも分かるしゃべり方」をモットーとする。しゃべる言葉の文章としては、基本的には標準語。ところがアクセントは関西弁――それも京都なまりである。例えば「今朝の『産経新聞』によりますと…」との文章は、浜村的発音では「今朝の、『産経新聞』にィ、よりィますとォ…」的な文章表記になるのではないだろうか。
浜村が講演活動や芸界で営業といわれる芸能活動でのトークなどで好んで披露する話題がある。これはこれから展開しようとしている浜村淳の話芸の秘密を探る根幹ともなるトークと思われるので、まずはそちらからご紹介したい。
「私は、お仕事をいたしますときにいつもこういう眼鏡をかけておりますが、この眼鏡をとりました顔が、また非常に上品な顔立ちでございまして。街を歩いておりましても、しょっちゅう……」とさる高貴な方の名前を出し、「…の父上と間違えられるくらいでございます」と始める——。

「人間、眼鏡をとった顔——素顔に年齢が現れます。この顔を見て、まあ、だいたい幾つくらいやなと、察していただきたかったわけです。今、私の口から何歳ですとは、申し上げません。私と同い年で芸能界で活躍している人の名前を何人か挙げますので、だいたいのところを分かっていただきたいと思います。私と同い年で芸能界でどんな人が活躍をしているか。フランスでいいますとアラン・ドロンです………何がおかしいんですか?………」と客席の反応を見て、少し強い口調で、「同い年は同い年で仕方がないやないですか! 私も悪気があって、同い年になったわけやないんです……。イタリアへ参りますとソフィア・ローレンという大女優が同い年です。亡くなった人もたくさんおりまして、アメリカではエルビス・プレスリー。日本では田宮二郎。生きておりましたら、同い年でございます。私より一三日早く生まれて、一〇年前の夏に亡くなりましたのが、石原裕次郎でございます。私と足の長さが一緒だといわれておりますが………なんでこんな古い話をしたかといいますと、まず裕次郎さんは、昭和九年一二月二八日の生まれ。私が一三日遅れまして、昭和一〇年一月一〇日の生まれ、満三八歳でございます」

――ところまでは、観客とのキャッチボール的なトークであった。いよいよ浜村十八番、映画の話となる。

「実はね、私の本職は映画評論でございまして、今も週刊、月刊で六本ほど書いておりますので、ちょっとだけ映画の話をさせていただきます」――ところからは、すっかり弁士口調になっていう。「今から一一〇年ほど昔、明治二五年、アメリカにおりました発明王・エジソンという方が映画の原型をお創りになった。それ以来、映画は大衆娯楽の王者となったんですが、ご年配の方はご存知のとおり、映画は長い間、音を出しませんでした。そこで映画解説者――活動弁士、略して活弁という人がステージの端に立ちまして、たった一人で、映画のすべてを説明いたしました。日本語というものは、五七調、五・七・五・七・五・七、五七調でしゃべりますと、大変耳に快く響きます。従いまして、歌舞伎のセリフも五七調。俳句、和歌、川柳も五七調でございます。だから活動弁士もすべて、映画の解説は五七調でやったものなんです」

浜村は、自らそのかつての活弁芸を披露する――。

「『空に紫紺の星の乱れ飛び、地には緑の池の花吹雪　千村万洛春たけて　春や春、春、南方のローマンス』と。こういう調子でやりますと名調子に聴こえるんですね。ところが、たとえ外国映画、たとえドンドン、パチパチの西部劇でも活動弁士は、五七調でしゃべったもんなんです。『鳴くなスザンの愛しのアオよ　馬は西部へオレゴンへ』と。西部劇なんですよ。それでも五七調でしゃべった」

活弁にも例外がある。

「中には五七調でしゃべりさえすればそれだけで名調子に聴こえると思いまして、デタラメをしゃべった弁士も何人かいたんです。「月は鳴いたか倫敦の　華の巴里に雪が降る」て、なんのことや全然分からないですね。それでも聴いてる人は、上手いなあ、上手やなと、拍手を贈った」

さて、ここから浜村話芸の真骨頂ともいうべき語りがある。

「そんな中で東京は赤坂の葵館という映画館の専属弁士でありました福原駿雄という男、一人が五七調でしゃべらなかった。この男だけが、普通の調子でしゃべったんです。「今や、かのブラーグの大学生は、胸に一物を秘めて下宿を出たのであります。あの男の行き先はどこでありましょうか。おそらくあの金貸しの老人のもとかと思われます」。これを聴いたお客がびっくりしました。「なんという頼りないしゃべりや。あの男の声はまるで夢の中で聴いている声のように頼りない」とみんながいったので、夢の声と書いて夢声という芸名がつきました。働いておりました映画館が葵館。葵は徳川将軍家の紋章でありますから、ここに本名・福原駿雄、芸名・徳川夢声という男が誕生いたします」

このくだりまで来ると、客席から「ほう。なるほどこれは徳川夢声の話だったのか！」とため息が漏れる。これが浜村話法のひとつの特徴でもある。本来ならば「徳川夢声という人は——」と、主語にもっていきたい名詞を一番最後のなぞ解きのような形でしゃべることによって、観客により具体的に印象づけることを心がける。浜村淳の丁寧なしゃべり口調を真似して、よく例に出される浜村節に「斜めになった地面——これを難しい言葉で斜面といいます」というものがある。これは「そこまで丁寧にいわなくても」という意味合いと、それぐらい浜村の言葉は丁寧であるという例題に出されるのであるが、これも本来ならば「斜面というのは——」とまず語るのが普通のしゃべりであろう。

浜村淳は、平成一八（二〇〇六）年に徳川夢声生誕の地である島根県益田市主催による話術家に贈られる「第六回徳川夢声市民賞」を受賞している。「話術の神様」といわれた夢声にちなんだ賞である。徳川夢声のサイレント映画の活弁は、従来の日本人に馴染みのある五七調の節回しではなく、普通の会話のような語りであった。続いて浜村は語る。

「夢声さんはなんで普通にしゃべったんでしょうか。時代の先を読んでいたんです。映画は、いつまでも、いつまでも沈黙であるわけがない。いずれ音を出す。映画が音を出したとき、活動弁士はすべて失業です。今まで肩肘張って、デボチンに汗かいて、「風雲急なる京洛の応化を散らす　血の雨が今宵も降るぞ三条河原……」。こういうしゃべりが身についた活動弁士が、失業して他の仕事ができるだろうか。できない！　そんな時代になっても、自分は仕事が続けられるように今のうちから普通にしゃべっておこう。これが夢声さんの、先見の明——時代の先を読む目があったからですね」とここで浜村は一泊おいて、「果たせるかな、昭和六年、マレーネ・デートリッヒとゲーリー・クーパーが共演した『モロッコ』という映画をもって、映画は完全にトーキー、すべて音を出すようになった。弁士は全部失業です。そんな中で徳川夢声さんただ一人が、司会者、役者、漫談家、随筆家として、亡くなるまで第一線の活躍を続けます。時代の先を読むということは、政治家でも、お商売人でも、芸人でも、誰にとっても大切なことなんです。私どもが子どものころ、徳川夢声といいますと、話術の神様と呼ばれておりました。なぜかというと、言葉と言葉の間にたっぷりと〝間〟を置きます。ときに声を大きくしたり、小さくしたり、抑揚をつけるのが上手かった。吉川英治作『宮本武蔵』を朗読する徳川夢声の声が今も残っております。なるほど間をとって抑揚をつけてお客様を引っ張りこんでゆく」

浜村が夢声の〝間〟を真似る。

「「生涯に………再びこのような敵に会えるかどうか…………それを考えると武蔵の背筋には冷たいものが走るのであった…………エェイッ……！（畳み込むように）裂ぱくの気合が飛んだかと思うと小次郎の背中に差した長剣物干し竿がキラッ！………陽に光ったかと思うと武蔵が額に秘めた柿色の鉢巻がパラッ………真っ二つに斬られて飛んだ……」」と、こういうしゃべりをやったもんですからね。グイグイグイグイ引きこまれていくわけなんです。話術の神様——」

「話術家・徳川夢声」の話はまだ続く。浜村が身近に聞き知ったエピソードである。

「大阪の毎日テレビに昭和三八年、『アップダウンクイズ』という番組ができました。長らく続いて終わった司会の小池清アナウンサーに私が訊いた。「毎週、毎週、一人ずつゲストをお迎えになりますが、一番思い出に残っているゲストは誰ですか?」と訊いたら、小池アナウンサーが、「それは徳川夢声さんです」と答えた。「どうしてですか?」と訊いたら、小池さんがいいました。「皆さん、こんばんは。『アップダウンクイズ』の時間です。今週のゲストは徳川夢声さんです。どうぞ!」。夢声さんが入ってくる。ひと言だけインタビューがあります。小池さんが訊いたんです。「夢声さん、あなたは間をとる名人といわれておりますが、間とは何ですか?」と、このように質問したら、徳川夢声さんが、「は……あ、そォうでありますな……あ……」とやったまま、二分経っても、三分経ってもしゃべらない。司会者の小池アナウンサーは、全身冷汗タラタラ……今はね、皆さん、テレビの番組はニュースとか情報番組は生ですが、九九%までが録画でございます。一時間の番組を二時間も三時間もかかって撮りまして、適当に編集していきます。昭和三八年、九年といいますと全部生放送でございます。七時に始まった番組は、七時半には終わらねばならない。ところが小池さんが、「夢声さん、間とは何ですか？」と訊いたために夢声さんが、「そうでありますな……あ……」とやったままいつまで経ってもしゃべらない。時間はどんどん過ぎてゆく。小池さん、全身冷汗にまみれて心の中で祈ったそうです。「頼む、おっさん、なんぞしゃべってくれ！」。よっぽど時間が経ってから夢声さんがポツリとひと言いったそうです。「は……あ。ただ今のが間であります」と。そのとき、小池さん、心の中で固く誓ったそうです。「いつか必ず、このおっさん、殺したろう！」と。司会者の苦労も考えんと、十分に間をとってハラハラさした。そのことについて、小池アナウンサーは、心の中に殺意が芽生えたそうでございます。さて、夢声さんは時代の先を読んで活動弁士のころから普通にしゃべっていた。他の弁士は大辻司郎さんという面白いしゃべりをやる人を除いては、五七調のままやったんです。この五七調をそのまま古いままに引きずって演歌の司会にもってきて大成功した人がおります。その名前を西村小楽天といいます」

浜村淳が自ら「映画漫談」という映画解説以外に力を入れているのが、歌謡曲――それも演歌の司会業である。今日までに古風すぎるともいうべき芸風をわざと完成させた。今では、この芸境は浜村独自のものである。浜村のトークは、その演歌司会の先達・西村小楽天に話が及ぶ――。

「美空ひばりさんのお母さんが若いころから小楽天さんの大ファン。ある日、頼みに行ったんです。「うちのお譲が歌手になります」と。「一人前になりましたら、小楽天さん、司会をやっていただけますか?」。小楽天さん、快く了承した。それからすぐです。美空ひばり、大人気歌手になっていったので、五、六年にわたって西村小楽天さんは、ひばりさんの専属司会を務めた」

小楽天の美空ひばり専属司会のエピソードをまずは紹介する。そして、その具体的な司会術をしゃべる浜村――。

「その司会がですね、歌謡曲というのは、イントロが長い。あのイントロにのせて語る西村小楽天の名調子。これが今日の演歌の司会の原型を創ったんです。「見えぬ瞼のその裏に　過ぎた昔の思い出が　浮かぶ波止場の日暮れ時　海の匂いの恋しさに　可愛い娘に手を引かれやってきたんだ今日もまた　ああ、波止場だよ、お父っつあん!」とやるわけなんです。これね、後ろにイントロが流れてるから聴けるんですよ。イントロなしに、今みたいにしゃべるとね、アホみたいに聴こえるんです。「何を気張ってしゃべってるんや!」と。しかし、これが今日の演歌の司会の原型を創ったんです」

ここから浜村淳と演歌司会の出会いが語られる。

「今から二〇年前、大阪の読売テレビが私のところへ訪ねてみえまして、こうおっしゃった。「浜村さん、日本レコード大賞にしろ、日本歌謡大賞にしろ、テレビ局が歌の世界に贈る賞は全部、東京なんです。大阪だけでも、せめて読売テレビ一局は、やりたい、これを。だから日本レコード大賞、日本歌謡大賞やない、全日本有線放送大賞と名づけて、これをやりたい。一二月、大阪のフェスティバルホールを借りまして、生放送。一時間半の生放送です。ついては司会をＮＨＫをお辞めになったばかりの宮田輝アナウンサーにお願いをしました。浜村さんは、あの演歌のイントロにのせて、しゃべる五七調の紹介をぜひあなたにやってもらいたい」。私は困りました。そんなことはやったことがなかったから。で、いろんな資料を集めまして、なんとかやりはじめたんですね――」

浜村淳のもとに大阪・読売テレビから『全日本有線放送大賞』の演歌のイントロにのせての五七調の司会の依頼が来る。昭和四三（一九七八）年一二月が第一回目の放送である。浜村のトークは、そのエピソードを紹介してゆく――。

「いろんな資料を集めまして、なんとかやりはじめたんですね。これがいかにも大阪らしいと好評でございました。「雨が降ってる新地の夜は　女ひとりにゃ辛すぎる　思い出ゆえに恋ゆえに　夢も濡れます大阪しぐれ」とやったわけなんです。は〜ッあ。よかったですね」

このときに浜村が、司会のお手本としたのがかつて美空ひばりの専属司会を乞われて務めた名調子・西村小楽天の五七調の司会術であった。

「もう、都はるみさんも、島倉千代子さんも、森昌子さんも、山口百恵さんも全部この調子でやりました。ところが三年前、読売テレビの方がお見えになって、「浜村さん、今年からあなたはいりませんた。驚きましたですね。全部、自分で考えてしゃべってるんですけれども……」

記録によると浜村の最後の『全日本有線放送大賞』の司会は、平成四（一九九二）年一二月のことである。読売テレビの申し出に驚く浜村。そして――。

「「どうしていらないいんですか？」と訊いたら、皆さん……今、演歌が非常に衰えまして、日本有線放送といえども、賞の候補に上る演歌がないんだそうです。全部、ニュー・ミュージック、あるいはフォークソング、あるいはロックと。「ですから、演歌がなくなった以上、浜村さんの司会はいりません」。現在、レコードが一〇〇枚売れたとしますと演歌はそのうちの二枚なんだそうです。売れ行き二％から二・五％。寂しいですね。演歌は日本人の心の歌です。演歌という言葉には、いろんな文字が当てはめられます。怨みの歌か、艶《つや》歌か、演ずる歌か、人生の応援歌か。演歌は日本人の心の歌。滅びさせてなるものかと細々と続けていただきたいというのが私の願いでございます」（平成一四［二〇〇二］年六月二六日、名古屋・中日劇場）

さて、以上が、浜村淳が舞台などでよく好んでおしゃべりする話題である。分かりやすいジョーク、そして専門分野としても一定の評価を得ている映画を題材とした話題、それに徳川夢声というかつて、「話術の神様」とまでいわれた人物の〝間〟というものを強調させる話芸、さらに浜村の五七調の歌謡司会――これまでご紹介したしゃべりの中に浜村話術のエッセンスが凝縮されている――。

浜村淳の履歴

浜村淳は、昭和一〇（一九三五）年一月一〇日、京都市北区鷹峰に生まれている。本名は塩濱真という。実の両親は、浜村が生まれたときにはすでに離婚をしていた。実母の姉である叔母夫婦に育てられることになる。

当時の京都市内では、街中で映画のロケーション撮影が行われていた。浜村が生まれ育った鷹峰でも三日に一度ぐらいの割合で映画撮影があった。片岡千恵蔵、市川右太衛門、阪東妻三郎、嵐寛寿郎などの錚々たる映画スターや、映画の撮影現場は身近に存在するごく当たり前の風景でもあった。初めて実物の女優を見たのが、溝口健二監督の『宮本武蔵』（一九四四）という作品である。〈このロケで、ぼくらの目の前に、まるで女神のように美しい容姿と雰囲気であらわれたのが、田中絹代であった〉と思い出を記す。

子どものいなかった叔母夫妻は、浜村を実子のように可愛がった。実際、浜村は〈この二人を、大学入学のため戸籍抄本を提出するときまで、実の父母だと思っていた〉という。交通局へ勤める育ての父は、勤め先からよく映画や芝居の招待券をもらってきた。浜村は書いている。

〈幼いぼくをつれて、父母は、よく新京極という盛り場へ出かけた。そこで観たものは、長編漫画『孫悟空』であり、阪東妻三郎の『大楠公』であり、チャップリンの喜劇であり、エンタツ・アチャコの芝居であった。それらの記憶はおぼろで、断片的ではあるけれど、ぼくが後年、ふと芸能界に足を踏み入れることになった動機に、目にみえない影響をあたえていたことは、たしかなようだった〉

昭和一六（一九四二）年四月、鷹ヶ峰国民学校に入学する。幼いころからよくしゃべる子どもであったと想像するが、ご本人の弁ではそうでもないという。

「いや、あんまりしゃべらん子どもでしたね。でも、例えば小学校で雨の日に体操が休みだというときには、「誰か、前へ出てなんぞしゃべれ」といわれる。そういうときには、ぼくもやっぱりしゃべりましたですね。非常に真面目に真剣にしゃべるんですよ。でも、ネタが面白いのか何かなのか、笑いは一番ようけとったでしょうね（笑）」

浜村は少年時代から、本を読んだり、ラジオを聞いたりすることに熱中していた。そんな影響もあったのだろう。

「それはやっぱりありますね。だから、落語の志ん生、文楽、小さん、円生などを引き合いに出してしゃべってみたり、それから芥川龍之介の『蜘蛛の糸』という短編がありますね。あんな話をしてみたりですね。結構、受ける話はしてましたですね」

浜村淳が〝しゃべり〟を職業とするきっかけとなったのが、同志社大学への入学である。文学部社会学科新聞学専攻。〈活字を読むのが好きだった〉ので、新聞記者志望であった。

「だいたい大学へ入ったその日に、各クラブが門前にたまって、生徒を引っ張りますでしょ。勧誘ですね。みんなそれぞれ好きなところへ所属するんですが、放送部というのがありましてね。同志社学生放送局とえらそうな名前をつけまして〝同志社スチューデント・ブロードキャスティング〟――DSBというてたんですよ。それでね、放送部というのは非常に楽な感じがしましてね（笑）。体育会系みたいなシゴキもないやろうと。で――華やかな感じもしますし、それで入ったわけなんですよ」

浜村は、当初は意外にも、アナウンス部ではなく、制作部志望で入部する。二回生までは制作部として活動している。放送部には「仔ぐまの会」という放送劇団もあった。

「『いかなる鬼神にも愛され、いかなる吹雪にも耐える仔ぐま』という意味でそんな名前をつけたんですね。台本を書いたりもしてました。そのころは、NHKの放送って『君の名は』を頂点として、ものすごく盛んでしてね。テレビのない時代ですから、ラジオでも聴いてんと仕方がない（笑）。それでね、ぼくらが実際にやって覚えているのは、岡本綺堂の『お菊と播磨』ですね。「番町皿屋敷」。あれをラジオドラマに直してやらせたりしました。こっちはプロデューサーですから。それを校内放送で流す。あるいは自分で選曲して解説をつけて、それを流すとかね。いわゆる今のＤＪそのものですね」

浜村淳の話術の中でも、特に特徴として挙げられるのは、〝てにをは〟の口跡の明瞭さである。このテクニックはこの同志社大学の放送部時代に習得したようである。

「放送部としてですね、週に一回でしたか、月に一回でしたか、本職のアナウンサーを招いて勉強会があったんです。「口跡をはっきりさせなダメですよ。そのためには滑舌法というのをやりなさい」と。早口言葉というような。それを基礎として仕込まれましたですね。われわれは制作部ですが、黙って見てんと一緒にやるじゃないですか（笑）。歌舞伎十八番に『下郎売』というのがありますね。早口言葉をザァ――ッと最後までやる。あれなんか、お手本になるから随分練習したもんです。それから、東京ではあんまりやりませんけれども、〝何々は、何々を、こうしました〟という一種の強調ですね。そういうことが今、役立っていると思いますね」

浜村が、生まれて初めてマイクの前でしゃべることになったのは偶然の出来事からである。六大学野球リーグというものがあった。東京の早慶戦（早稲田大学VS慶應義塾大学）が有名であるが、関西にも同様に六大学野球リーグがあったのである。〝早慶戦〟の向こうを張って〝同立戦〟、つまり同志社大学と立命館大学の野球試合があった。浜村の在学中は、京都・円山公園音楽堂で、その前夜祭が開催されることが恒例であった。

この催しは、各校からのハワイアン、ウエスタン、ジャズなどを演奏する学生バンドが集結する。イベントの司会は、放送部のアナウンサーが担当する。

「客席は、同志社と立命とが半々ですからね。相手校が出ると野次り倒すんです（笑）。そうするとですね、同志社側の放送部のアナウンサーが「あんなところへ出るのは絶対に嫌や」といいだしたんですよ」

浜村は書いている。

〈イヤがる者を無理に出してもしょうがないですし。代役を探そうということになったんですが。これが、適当な人材がなかなかいない。バンドの紹介をするので、音楽についてそこそこ知識が必要。それに生の舞台でしゃべるから少々度胸がいる〉

そこで、「ほんならお前が行けや。お前はアナウンサーでも何でもなく制作部やから、間違おうが、とちろうが恥ずかしいこともなんともないから、お前がやれ！」とお鉢が回ってきた。

浜村淳の初舞台ともいうべきステージである。むろん本名で出た。満員の客席から湧き上がる拍手と同様の野次。ステージ上では全身をライトで照らされたが、不思議と緊張はなかったという。「次はアルゼンチンタンゴの名曲「ラ・クンパルシータ」です」というような普通の司会をしたくはなかった。「さらば、赤い薔薇の酒飲み干し。重ねて歌わん！「ラ・クンパルシータ」」とやった。

「これはね、方法としては演歌の司会なんですね。当時、岡晴夫という歌手がいまして、この方はよく京都へ来ました。それで西村小楽天が司会をしているとですね、「岡の小鳩か、小鳩の岡か…」というね、名文句でやっているんです。これをひとつジャズ・ポピュラーの司会に用いて歌い上げてみようと思て、あれをやったんですよ」

浜村淳は、初舞台となった六大学野球前夜祭のステージ上にいる。同志社と対戦する立命館側の学生からは、大きな野次が飛んでくる。それに言い返したり、笑って誤魔化したりしながら曲の紹介をこなしていった。野次られること自体は気にならなかった。一時間はしゃべった。

このときの気持ちをのちに書いている。

〈自分の声がマイクを通して、観客のもとに届いていく嬉しさが勝ってましたね。自分のしゃべりに反応して、ヤジがおこったり、会場全体が盛り上がったり、変化していく。それによって、また自分のしゃべりも変わる。今思えば、司会の楽しさを、僕はあの時初めて知ったんでしょうね〉

しだいに浜村へ司会の依頼がくるようになる。

「同立前夜祭なんかは、マスコミが取材に来るんです。ですからその日すぐにではないですけれども、ポツリ、ポツリと声がかかりはじめてね」

司会者としての活動が始まる。

「あのころは、学生のジャズコンサートが、ものすごう盛んでしてね。あれはやればお金になるんですね。もちろんテレビのない時代です。といいましても、さりとてスターは来ない。今の四条河原町の高島屋が公楽会館という京都で一番大きな劇場やったんです。ホンマは映画館なんですよ。でも、そういう催しには貸してくれるんです。ああいうところで盛んにジャズコンをやりましたですね。また、券が売れるんです。河原町三条に京都宝塚劇場というのがありまして、これが戦後、進駐軍に接収されましてアニー・パイル劇場になった。東京は日比谷にありました。これが進駐軍から返されたんです。それでロードショーの映画館になった。ここでね、なんと幕間に生バンドがジャズ演奏するんですよ。森田公喜とシックス・ペンギンズという名前でしたね。誰も解説する人がおりませんわね。バンドマンはそんなことはしませんわ。それで、ぼくが出て、その解説をやったりしたんですね」

当時は、ジャズ喫茶全盛時代でもある。方々から注文が来て、だんだんとしゃべりが本職になってゆく。

「そのうち自然と京都の放送局からも依頼が来ますよね。で、それからです。当時、東京通信工業といったソニーのみかん箱みたいな録音機を買って、先輩、名人の芸を録音に録って、聴くようになりました」

話術者としての浜村淳に師匠はいない。強いていえば駆け出し当時にソニーの録音機を買い込んできては先輩諸氏の芸を録音しては、繰り返し聞いたことだけである。

「それこそですね、徳川夢声さんとか、ＮＨＫのアナウンサーだった宮田輝さん、高橋圭三さんですね。あのころはＮＨＫに上手い人がいっぱいおりました。『とんち教室』の青木一雄さん、『私の泉』の和田信賢さん……志村正順アナウンサーなんて、名人中の名人で、一秒の間にしゃべる言葉が一番多かったんです。ものすごく歯切れがよくて、はっきりと聞こえるんですよね。で、この人のしゃべりであるとか、落語家の桂米朝師匠も、漫談の西条凡児さんも録音に録って、繰り返し、繰り返し、聞いたんですよ。それで、「どのしゃべりが自分に合うか」などというようなことはまったく考えなかったですね。要するにただただ先輩・名人の芸を録音に録っては聞いたという、これだけが師匠なんですわ（笑）」

当時全盛のジャズ喫茶からも司会の依頼が次々とくる。まずは京都・河原町四条の「ベラミ」であった。ベラミへ歌手の淡谷のり子が来演したときに浜村には忘れられないエピソードがある。楽屋で淡谷がいった。

「私はね、戦地へ慰問に行っても「雨のブルース」も「別れのブルース」も歌っちゃやなんねエッて、軍部から止められたのよ」

浜村はその話を曲の紹介時に披露した。

「淡谷さんはそれでもその止められているはずの曲を戦線へ行くと歌うんですよね。兵隊たちが喜んで、それを覚えた。戦争が終わって、彼らは日本へ帰ってから、今度はその曲を広めたというんですね。そういうエピソードを淡谷さんがステージで歌う前にやるでしょ。と、お客は聴く気になりますよね。「雨のブルース」も「別れのブルース」も、歌としては知っているけれども、「ええ、そんないきさつがあったのか」「そんなエピソードがあったのか」と、すっかり曲を聴く気になってくれるわけです」

ステージ終了後、淡谷のり子は「長年歌を歌っているけれども、こんな歌への理解を深めるような司会をしてくれたのは、あんたが初めて。おかげで気持ちよく観客が歌を聴いてくれた。ありがとう。これで音楽の本を買って、ますます勉強してね」といって、浜村に一〇〇〇円手渡した。

浜村淳に京都の「ベラミ」以外のジャズ喫茶からも、次々と司会の依頼が来た。大阪では、千日前の「銀馬車」、心斎橋の「ナンバ一番」、キタの「田園」、神戸の「月光」「コンペ」「白馬車」などなどである。市場は多かった。浜村は司会者の枠を超えた実験をいろいろと試み、笑いの要素を司会に取り入れだした。

「それはね、自分が落語が好きでしたからね。こんな話のところへはこういう小咄を入れてみたらと……つまり昔の大阪弁でこれをチャリというんですよね。チャリを入れたらもっと話がおもろいのと違うかなと思うから、どんどん、どんどん、そういうことを入れていったんですね。それでね、やっぱり関西では笑いがあったほうがよう聞いてくれるなあという確信もちましたですね」

客席で浜村の司会を見ていた上岡龍太郎が書く。

〈浜村淳さんは、おもしろい司会者やということで有名でした〉〈たとえばボヤキ漫才の人生幸朗師匠がやってはった、「ビクターの犬が不思議や言うて首かしげてる」というネタやとか、歌謡曲のぼやきネタやとか、それから当時の噺家がよくマクラに使ってた、「きょう、来ていただいたお客さん、これがほんまのお客さんやいうて、みんな楽屋一同涙を流して喜んで、こういうお客さんには一〇〇〇円ずつ持って帰ってもらわないかんやないかいうたら、別の人が、そんなことしたらお客さん気ィ遣うで。そんなら、やめよか……て、やめる相談がまとまりました」というようなのを浜村さんはよう使うてはった〉

ジャズ喫茶で客席を沸かせていた浜村であるが、あまりにも司会術が笑いに傾いていた。あるときナンバ一番の裏方の男性からアドバイスを受ける。彼は口が不自由ながら、浜村に身ぶり手ぶりで熱心に意見を述べた。

「つまり、肝心の曲の解説をね、これはどういういきさつがあって生まれたとか、それからなんの映画のテーマで、どの場面で使われたかというような話があったほうが、笑いと両方あったほうがいいよと」

さらに彼はいった。

「私のいうとおりにやれば、浜村さんの司会は「真実味」をもつ。面白い話だけに終わって、その次に、とってつけたように曲目を紹介して舞台を下りているようでは、浜村さんの司会は、しょせん冗談でしかない」

浜村淳は考えた。司会者は、いくらジョークを飛ばしてもいいと思う。折々の話題も必要だろう。ただ、曲目を紹介する直前には、その曲目についての解説をひと言つけ加えることによって舞台を引き締めることができる。また、観客をその雰囲気に浸らせることもできるであろう。浜村は書いている。

〈出演者に対しても、これこそ失礼にならず、むしろ、喜ばれる司会ではないか〉

「ス・ワンダフル」という曲目を紹介したとする。軽いフランス小咄を語ったあとに、次のような言葉を入れるべきだと考えた。

「さて、次は「ス・ワンダフル」という歌を聞いていただきます。アメリカにジョージ・ガーシュインという有名な音楽家がおりましたが、彼はとても気弱な人で、好きな女性に対しても、なかなか恋心を打ち明けることができないのです。そこで、お兄さんのアイラ・ガーシュインがラブレターを代筆し、弟のジョージが、これにメロディをつけて彼女にささげたのです。そして生まれたのが「ス・ワンダフル」であるという、ロマンチックなエピソードがあります。

なお、この曲は、オードリー・ヘップバーンとフレッド・アステアが共演した映画『パリの恋人』の中にも、しばしば使われております」と。

ナンバ一番の舞台で、実際にしゃべってみた。アドバイスしてくれた男性は、手を打って喜んでくれた。そして、ポケットからしわくちゃのビラを取り出すと、鉛筆で「画竜点睛」と書いた。物事を立派に完成させるための最後の仕上げに成功したとのたとえである。先のベラミでの淡谷のり子のエピソードも、このアドバイスがあって初めてなり得たのである。

では、ジャズ喫茶の司会にはパターンといったものは、あるのだろうか？

「これは、特に決まったパターンはないですね。人それぞれですね。司会といいましても、ジャズ喫茶の場合、ほとんどそのバンドメンバーの一人がやりますからね。それも一番ひょうきんなやつがね。だから、全部、司会のやり方が違うんです」

浜村はしだいに独自の司会術というものを会得してゆくことになる。

芸名「浜村淳」の誕生、そして東京へ

昭和三二（一九五七）年三月、浜村淳は同志社大学を卒業している。卒業論文は、「日本映画に表現された家族制度の変貌とその考察書」というものである。

就職の第一志望は、映画会社であった。映画監督とまではいかないけれども、宣伝部に勤めたいと思っていた。大映映画にコネがあるという人に頼っていたら、これが詐欺であった。三〇〇〇円騙し盗られた。当時は日本映画の全盛時代ではあったが、のちには斜陽産業となり、大映は倒産した。何が幸いになるか分からぬものだ。本人としては、それまでバイト感覚で取り組んでいた司会やディスクジョッキーの仕事を本業にするという考えもあったが、これには親が猛反対した。芸能界は堅気が勤める仕事ではない。これがごく最近までの常識でもあった。

学校の就職課にきていた募集から、大阪の靴下メーカーに就職した。この会社は、朝日放送ラジオの番組スポンサーでもあった。番組のスタッフができるような宣伝部員を探していた。学生時代にＤＪをしていたことが幸いし、採用となる。

「劇団新春座に山口幸生さんという俳優がおりましてですね、山口さんの語りで、ＡＢＣにその会社の提供で一五分のＤＪ番組があったんです。つまりその番組の台本をぼくが書いていたんです。ところが、やっぱりあの時代、うちの両親はマスコミとかそういうところへ名前が出るのを嫌がりましてね。だから、ぼくは本名を出すのが嫌やったんです」

番組担当は、奥村という女性ディレクターであった。

「それやったら、うちが名前をつけたあげる。私は奥村で、あんたは塩濱やから、浜村でええやないの。名前は順調に行くようにジュンにしよう。順番の順と違うてな、芸能界はサンズイ偏がついたら縁起がええといわれているから、淳にしよう」

芸名「浜村淳」の誕生である。

その後、この奥村ディレクターとはドラマがあった。独り立ちして、ジャズ喫茶・ナンバ一番に出演していた時代である。突然、浜村を訪ねてきた。「うち今度結婚するねん。相手はあんたも知ってる人や」と、紹介されたのが同志社大学放送部の同級生であった。

「彼はラジオ熊本で、最後はちょっと偉いさんになって定年退職しました。奥村さん自体は、ズッと社会報道の部門におりまして、幾つも賞をとっておられましたね」

浜村淳が就職した大阪の靴下メーカーは、業績が悪化。所属していた宣伝部も縮小され、浜村は退社する。大学時代のツテを頼って司会の仕事を再開することにした。芸能界復帰に父親からは「野垂れ死に覚悟やな」といわれ、さすがに堪えた。だが、この言葉でしゃべりを本職にしようと決心したことも確かである。しかし、浜村は「そら、不安でしたよ」と話す。

ジャズ喫茶隆盛時代で、仕事は順調にあった。クレージー・キャッツ、マヒナスターズ、平尾昌晃、ジョージ川口、坂本九、小坂一也、関西勢として内田裕也、克美しげる、美川鯛二(中村泰士)、北原謙二らが人気を競っていた。京都のジャズ喫茶「ベラミ」から専属司会の依頼がくる。

「昼間にね、地元のバンドが出るんですよ。それの司会をやってくれといわれたんですね。ところが夜の部は東京からのゲストですが、こちらのほうは女性の専属司会者がおられました。ところがその人がですね、妊娠したんですね。もうただちに「昼の部から夜の部へ替わってください」といわれたんですね。タイミングもよかったですね」

その時代に出会いがあった。「渡辺晋とシックスジョーズ」の渡辺晋である。一九六〇年代から七〇年代にかけて日本の芸能界を席巻した「渡辺プロダクション」の社長である。

「もう、ベラミにはしょっちゅう来てましたですね。初めのピアノが山崎唯でした。トッポ・ジージョの声をやってテレビで人気者になった人ですね。ピアノを弾きながら『昼下がりの情事』の主題歌「魅惑のワルツ」なんかを歌うんですよね。嫁はんが声優の久里千春です。なかなか人気があったんですが、内部事情は知りませんが、その後のピアノは宮川泰が来たんですね。コミックバンドではないんですが、宮川さんという人はふざけたことが好きでしてね。ピアノを弾くのも普通には弾きませんでした。それでたびたび一緒に出ているうちに渡辺晋さんに声をかけられた」

渡辺晋から「うちに来ないか？」と誘われた。浜村はズバリ「なんぼくれますねん？」と訊いている。渡辺は丁寧に答えた。

「うちは給料制なんです。いくら働いても決まった以上は出ないし、いくら仕事がなくても決まった給料は出る。そうだねェ……まあ、六万円ぐらいでどうだろうね？」

もちろん契約書も何もない。

「ぼくはいっぺん大卒で船場の靴下会社へ勤めてますからね。給料が交通費込みで一万一〇〇〇円ですね。そんな時代に六万円もくれるというんですからね。そら、もう一も二もなく飛びついたですね（笑）」

昭和三三（一九五八）年、上京。東京では、渡辺社長宅に住むことになった。

「その当時はね、渡辺社長の家には、ザ・ピーナッツと、イザワオフィスの井澤健——今はもう肩で風を切って歩いている（笑）井澤が、バンドボーイでね、実家が神奈川県川崎にあるのに家へ帰らんと社長の家にいた。そのうちに側近になっていったんですね。その時分は家でゴロゴロしてたんですよ（笑）」

当時の浜村の司会は——今とほとんど変わらぬが——言葉を文章に書けば標準語ではあるが、アクセントはあくまでも京都なまりの関西弁であった。だが、東京へ出てからは標準語の発音を心がけた。これには同志社大学放送部時代の基礎練習が役立ったという。

昭和三四（一九五九）年は、四月一〇日の皇太子ご成婚でテレビ受像機の普及率が急増した年でもある。浜村淳は、初めてテレビ番組の司会を経験する。NET（現・テレビ朝日）の『ザ・リクエストショー』である。

渡辺プロのすごさである。新人に近い浜村にテレビの三〇分生放送の司会の仕事が舞い込んだ。このレギュラー番組に、浜村自身は学んだことよりも戸惑ったことのほうが多かったと回想する。

「学んだことより、失敗ばっかりでしたよ（笑）。東京弁でしゃべらんといかんしね。とにかく、ぼくが最初に戸惑ったのは、それまではラジオの仕事もやりましたけれども、主にジャズ喫茶――まあ、舞台の仕事ですわ。ところがテレビ局というのは、それらの仕事とは違って、しゃべっても反響がないんですよ。舞台のようにちょっとでもエコーしてくれたらね、今までのしゃべりができたんですが、テレビのスタジオにはそれがない。すると自分の呼吸《いき》がつかめないんですよね。これは難しかったですね。出演は五月みどり、藤島桓夫、松尾和子、デビューしたての橋幸夫と、歌謡界の錚々たるメンバーですね。そこへ、ぼくが十分段階的にたどり着いたのならいいんですが、そこは渡辺プロですから、いきなりドーンと檜舞台でしょ。緊張しましたよ」

生放送中の時間経過の読みはそう難しくはなかったという。

「台本には曲目だけでしゃべりの内容までは別に何も書いてはないんです。歌というのは、時間が決まってるじゃないですか。それに前でフロアディレクターが時間出しをしますから、歌の間に歌手にインタビューしたり、つなぎのしゃべりをしてゆくだけで、そう苦労はなかったでね。ただ、あのころはテレビの司会ではまったく五七調ではしゃべらなかったですね」

大きな失敗はしなかったが、番組を盛り上げる司会にまではできなかったと浜村は語っている。

『ザ・リクエストショー』の司会を通して学んだものはあったのだろうか？

「ぼくはね、やっぱり司会というものは、慣れないとダメやと思いますね。ただ、頭の中で解釈したとおりにやっただけでは、絶対にダメやと思いましたね。落語がそうでしょ？　きっちり師匠の噺を聴くか、あるいは録音テープを録ってですね、一言一句覚えて演っても、師匠のように上手くはいかないですよね」

番組は半年ほどで終わった。

「自分のスタイルを確立しなければいけない」と自覚した。当時、浜村が所属していた渡辺プロダクションは、東京・日比谷の三信ビルにあった。向かいの演芸場では「東宝名人会」が開催されていた。同じく渡辺プロに所属していた歌手のミッキー・カーチスは、落語好きでよく「東宝名人会」に通っていた。

「ザ・ピーナッツショー」の前説で演芸人が出演する。ウクレレ漫談の牧伸二が出演。〽あ〜ああ、やんなっちゃった、あ〜あああ、驚いた……で人気を誇っていた。親しくなった。牧が「東宝名人会」へ出ると余計に通いやすく、浜村も寄席へ通った。名人が綺羅星の如く存在した。

「牧伸二さんがね、アロハ模様のポンチョみたいなものを着て、ウクレレ漫談を演っていました。すると楽屋で八代目桂文楽師匠がね、「この人はね、伊達でこんな格好をしてんじゃないよ。この人はそれだけのものをもってんだからね」なんてね（笑）。まあ、律儀な人でね。ひとつにはなるべく人によい気持ちをもってもらいたいという考えがあるからですね。だから、文楽師匠はああいう人柄、言動になったんじゃないですか」

浜村淳は、江戸落語の名人といわれた八代目桂文楽の芸には魅了されたという。

「文楽師匠というのは、〝泣かせの文楽〟というぐらいに見事な芸でした。『つるつる』に出てくる幇間《たいこもち》なんかは哀れに思うぐらいでした。落語で哀れさを感じさせるなんてすごい芸やなと思いましたですね。真面目に演って面白い。『愛宕山』で、小判を投げる場面のリアルさ。『船徳』で、膝で高座に立ってね、「いィ～よッと！」と舟竿で川底を突くところなんか、ものすごいリアルでした。晩年、お医者さんからドクターストップがかかったんですよ。それでも演った。『寝床』でね、素人義太夫を語る旦那が機嫌を損じて、義太夫を語らんという。一人気の利いたやつがいて「まあ、旦那そうおっしゃらずに」といって、だんだんと機嫌を戻してゆく。ものすごく機嫌がよくなって、「いや、よくおいで下すった。ここはあたしの楽屋。芸人のほか入るべからず」というところなんか、桂米朝師匠が「あの人にはまいるわ」って、えらい感心してましたよ」

流麗な語りの文楽の芸に感心した浜村は、「師匠が「あ～」とか「え～」といわないのはどうしてですか？」と質問した。文楽は「三代目三遊亭円馬師匠のもとで修業をしていたときは、私ほど「あ〜」や「え〜」が多い弟子はいなかった」と語った。

円馬から「これからお前が「あ〜」とか「え〜」という度にこの赤いおはじきを投げるから、覚悟して稽古をしなさい」といわれたという。それからは文楽が「あ〜」や「え〜」を発する度におはじきが飛んでくる。周りは赤いおはじきだらけになった。しかし、無駄な言葉を使わずに流麗にしゃべる稽古を重ねてゆくと、おはじきの数はしだいに減ってゆき、終いにはただの一個も投げられずに済むようになった。

文楽は浜村にいった。

「あなた自身が「あ〜」とか「え〜」とかいって迷ってるようじゃ、しゃべりには説得力は生まれません。だからそういう迷いの言葉をなくすように気をつけて稽古しなさい」

浜村淳は書く。

〈まず、意識して無駄な言葉を使わないようにする。そしてもし言葉につまるようなことがあっても、他の言葉ですぐ言い換えられるよう、いろんな言い方を準備していく〉

徐々に無駄なつなぎ言葉は消えていった。意識ひとつでしゃべり方は変わるのだ。

ラジオ大阪での仕事

昭和三三（一九五八）年七月一日、ラジオ大阪が開局した。在阪の民間AM局としては、新日本放送（毎日放送）や、朝日放送に遅れること七年目での開局である。そのラジオ大阪（OBC）で、浜村淳は初のレギュラー番組をもつことになる。

「昔は〝演歌と笑いのOBC〟というてたんです。夜の放送を聴いてたらね、〝十三の姉ちゃん〟とか〝風流〟とか〝ゴールド〟とかね、アルサロから何からもうバンバンとスポンサーに出てくるんです。OBCはそういうことにはなりふり構わないものすごく野性的な放送局でしたね。のちにね、聴取率が一位になったことがあるんです。それでサンケイサロンでパーティを開いてくれた。そこでわれわれ出演者もひと言ずつしゃべらないかんかった。そうしたらね、吾妻ひな子さんが「ようやるわ、この放送局。芸人を安い金で使うて、一位やて？　ホンマかいな。それやったら、もっとギャラを上げてェな」と挨拶したんですわ（笑）。印象に残ってますわ」

ラジオ大阪のプロデューサーに中西欣一という人がいた。「のど自慢」番組の公開収録をナンバ一番で行っていた。そこで中西は浜村淳の司会に遭遇する。

「この時代は渡辺プロに所属していましたが、ナンバ一番に東京のタレントが出るときなどには、ちょくちょくとですが司会で出てましたですね」

中西はそのころの印象を書いている。

〈タッパ（身長）は、高い方ではありませんが、白皙《はくせき》の花の顔容《かんばせ》、バランスのとれたスタイル（勿論、オナカは出ておりませんでした）会場の隅々にまでよく通る、聞く耳に心地よい声。そして、一番私を引きつけたのは、一曲一曲を紹介、解説するその姿勢に「親切さ」を感じたからです。毎日毎日、相手変われど主役変わらずの司会をつづけていれば誰しも、時にはイヤ気もさし、だらけ心もおきてくるものです。しかし「彼」にはそれがなく、いつも一生懸命（単純な表現ですが、これが一番ぴったりだと思いますので）のステージでした〉

中西は、浜村に声をかけた。

「どこか（放送局）に出てる？」

「いえ、どこにも出ていません」

「ラジオ番組に出てみないか？」

「怖いですが……それに経験もありません」

そんな会話がきっかけとなって、のちに浜村のラジオ話芸の発信局となるラジオ大阪との縁ができた。

浜村淳が初めてラジオ大阪でラジオのレギュラー番組をもったのが『一〇〇万円アワー』であった。昭和三四（一九五九）年のことである。

「これはね、オリンピックの基金を集めるというのが目的でしてね、帯の番組ですわ。ナンバー一番で公開録音をやったんです。それが最初のレギュラーやったですね」

『一〇〇万円アワー』は、五年後にひかえた東京オリンピック協賛番組である。歌あり、笑いあり、クイズありの一五分のバラエティのど自慢公開番組である。この番組は〈まったくさんたんたる出来でありました〉と浜村は書いている。

〈それぞれのお得意の歌を引っさげて登場してくる人々をどういうふうに料理をするか、どういうことをどういうふうに聞けばラジオを聴いている方がおもしろがるか、しかし、あんまり度が過ぎてえげつない事をいいますと、これは不快感をよびます。そうでないように、おもしろく、明るく、テンポを早く、しかも、出場者が歌いやすいようにもっていかなければならない。それは毎日十五分の番組でしたが、十五分があっという間に過ぎてしまう。アーおもしろかったな、どこにもすき間はなかったなという思いで聴いていただくという理想からは程遠い、ひどい出来であったわけなんです〉

名人・浜村淳をもってしても初のラジオレギュラーは、試行錯誤の連続であったようだ。

「初めてでしたからね、素人を扱うのがこんなに難しいとは思わなかったですね。上手くいかなかったですね」

東京オリンピックが開催された昭和三九（一九六四）年は、東海道新幹線が開通した年でもある。東京・大阪間がグッと近い距離になった。浜村淳は、関西に帰ることを決意する。東京では自分独自の〝浜村節〟を確立するまでには至らなかった。

「故郷に帰って原点に戻って、もう一度じっくり自分の道を考えてみたい」

そう考えたともいう。当時は、まだ、関西独特の文化が放送も含めてあった時代でもあった。マルチタレントで知られる永六輔が、上方芸能を学ぶために大阪に留学したぐらいである。大阪にも文化が残っていた。

ラジオ大阪で『お笑い一代男・一代女』という聴取者参加番組があった。漫談家で落語家の初代森乃福郎の司会である。その福郎が怪我で休養することになった。浜村に代演の話が舞い込む――。

『お笑い一代男・一代女』は、浜村淳が標準語の文体を関西弁のイントネーションを駆使して言語明朗にしゃべる浜村節を確立するきっかけとなった番組でもある。

『お笑い一代男・一代女』は、素人の出場者にさまざまな題を出して、頓知を競わせる公開録音の三〇分大喜利番組。本来の司会者であった漫談家で落語家の初代森乃福郎が、野球のプレイ中に腕の骨を折って降番。急遽、桂小春団治（二世露の五郎兵衛）に引き継がれたが、小春団治は、笑いは得意でも、司会進行は苦手であるという理由から、まとめ役として浜村の出演が決まった。

「この番組は、森乃福郎さんが出られないというので、私が代わりに出まして、そのまま最後まで続けてしもたんです。小春団治さんが助演してくれました。ところが、お相手がお素人さんですね。今でいう『笑点』ですね、あれを素人さんにやらせるもんですから、これはもう土地の言葉でないととてもダメやと思たんですね」

公開録音に集まった観客を前にして、浜村は自然と関西弁での司会を試みていた。東京弁と関西弁との使い分けは、それほど難しくはなかったという。

「そのあたりの苦労はね、なかったんです。わりと自然に使い分けられましたですね。あのころは、ジャズ喫茶にしろ、ラジオの番組にしろ、「東京弁でやってくれ」という注文が多かったですね。例えばジャズの解説なんかは、どうしても東京弁でやらないともっちゃりしてきますね。ところが今ではわざと関西弁でやるんですよ。「兄《にい》ちゃんがおりましてね、姉《ね》ェちゃんにこういうたんですよ」ってね（笑）」

浜村淳のしゃべりは、アナウンサーに間違えられることもあったという。

「だからね、アナウンサーが関西弁でしゃべっているのが不思議だという意見もありましたですね」

「司会の人間がなぜ関西弁なのか」「変な司会をするな」との意見も寄せられたが、そこはそれパイオニアの苦労である。ただ、浜村は「いずれそれぞれの土地に根差した言葉を放送でしゃべることが普通になる時代がくる」と当時から思っていたという。

『お笑い一代男・一代女』には、ゲスト回答者として、毎回、演芸人が出演していた。そんな関係から吉本興業の中邨秀雄課長（のち会長）とも顔見知りになる。

『続・新悪名』という映画がある。大映の勝新太郎と田宮二郎の『悪名』シリーズ第四作（昭和三七［一九六二］年一一月三日公開）である。この映画に二七歳の浜村淳の司会が映像として残っている。さすがに黒いスーツに蝶ネクタイの浜村は若く、痩せている。

ミヤコ蝶々がのど自慢の舞台に「はッははは……」と照れ笑いをしながら出てくる。舞台中央のスタンドマイク前に立つと、小柄な蝶々に比べて、スタンドマイクははるかに高い。客席から笑いが起こる。

「ちょっと兄ちゃん！」

「はい」

「これもっと低《ひく》しとくなはれ」

「ちょっと高すぎましたですね……」とスタンドマイクの高さを浜村が調整しながら「これじゃ歌えない……」という。ところが今度は蝶々の口許よりもマイクの高さが低い。

「もう少し（高《たこ》して）かめへん」

「どうも失礼いたしました、どうも……こんなもんでどうでしょうか……（高さを調整して）ようこそお越しくださいました」

「お世話でございました。どうも……」

「いいえ」

浜村の声は、現在と比べるとか細く、しゃべりのメリハリもそうきつくはない。

「何を歌っていただけますでしょうか？」

「「会津磐梯山」！」

「「会津磐梯山」。民謡でございます。大変張り切っていらっしゃいます。がんばってください。じゃ、（演奏の）お姉ェさんお願いいたします」

ミヤコ蝶々は、歌いだすが音程が合わず「こら、あかんわ。もういっぺん、お願いします」。ところが歌は無茶苦茶。浜村はスタッフに合図をし、鐘がカン！と鳴る。

「どうも残念でございました。また、お願いいたします」

「なんででんの？」

「鐘ひとつでございました」

「ひとつでもかめしまへんがな…」

「いいえ、ひとつではダメなんでございます。いえ、ダメなんです。どうぞ向こうで参加賞のタオルをお受け取りください」

「タオルいりまへんがな。私はね、〜小原庄助さん……あこを聴いてもらいたい」

「あの、小原庄助さん…もう消えていただいて結構なんです」

……と押し問答の末、押し返す。浜村と蝶々のやりとりが面白い。

浜村はいう。

「あれ、司会は関西弁でやっているでしょ。それで蝶々さんは自分の感性でやりますから、全然台本通りやなかったんですね（笑）この撮影は取材で行ったんです。田中徳三監督から「ちょっと出てみますか？」といわれたんですね。本当は役者さんも決まってたんですよ」

吉本興業から昭和プロダクションへ

浜村淳は、ラジオ大阪『お笑い一代男・一代女』の収録で、吉本興業の中郵秀雄課長と心やすくなった。その中郵から吉本入りを勧められる。

浜村自身は「自分は芸人というわけではない」と思っていたので、返事に困っていた。そんなある日、中村と八田竹男部長（のち社長）に大阪の北新地へ連れて行かれ、「これから演芸の世界で吉本はどんどんようなっていくんやから、あんたもぜひ吉本へおいで、悪いようにはせんから」と口説かれた。ただし、「銭のことはいいなや。芸が汚《きた》のうなるから」ともつけ加えられている。まことに吉本商法らしい。契約書一枚交わすこともなく、浜村淳の吉本入りが決まる。ただ、実際に吉本へ所属してみると渡辺プロダクション時代の三倍ほどのギャラであったので、待遇はよかった。

吉本興業へ入ったかぎりは、うめだ花月、京都花月、なんば花月などの演芸場へ出なければいけない。浜村淳は「漫談家」として、吉本の演芸場の舞台を踏むことになる。フランス小咄的なネタをしゃべった。米ソの宇宙開発が盛んな時代で、落語家の露の五郎から教わったネタもしゃべってみた。

「ソ連が人工衛星の打ち上げに成功しまして、二号目を打ち上げるときに一号目の人工衛星に乗った宇宙飛行士に、また乗ってくれと頼んだんですが、断られてしまいました。なんでかというと奥さんが反対したというんですね。『あんた、一号に乗るのはええけど、二号に乗るのはやめて』」

まったく受けなかった。広く大衆が集まる演芸場では、もっと分かりやすいネタが好まれるのだ。中邨から、「淳ちゃん、今日、わし珍しい漫談を聴いたで」と話しかけられた。

「どんな漫談ですか？」

「客がいっぺんも笑わなんだ珍しい漫談や」

「誰がやってるんですか？」

「お前やないか！」

皮肉なことに、あるいは幸いなことにというべきか、演芸場では受けなかった浜村が漫談用に作ったネタがジャズ喫茶では大いに受けた。のべつ笑いを放つ漫談スタイルに比して、司会の中へ何カ所か笑いを入れるしゃべりのほうが浜村には向いていた。

この時期、桂米朝がナンバ一番へ訪ねて来て、浜村の芸を見てアドバイスをくれたり、また、漫談家・花月亭九里丸の遺族から、「花月亭九里丸」の名跡を継がないかと打診もあったという——。

漫談家として会社から期待されるほどの成果も出なかった浜村淳は、吉本入りを誘ってくれた中邨の人事異動もあって、吉本を退社することを決意した。その後は現在も所属する昭和プロダクションに落ち着く。

昭和三九（一九六四）年四月、阪神百貨店梅田本店の一階正面にラジオ大阪のサテライトスタジオが完成した。〝聴取者とのふれあいを求めて街に飛び出したスタジオ！〟が謳い文句で、もちろん大阪初の試みである。浜村淳が〝金魚鉢〟といっていたスタジオには、放送中たくさんの見学者が群がっていたものである。

昭和四〇（一九六五）年四月四日、このサテスタで始まった番組が『ジュン・サンデーデート』（一昭和四一〔一九六六〕年八月二八日〕である。毎日曜夕方の三〇分番組。『ジュン・サンデーデート』の〝ジュン〟は浜村淳の〝ジュン〟ではなく、若者向けのファッションブランド「JUN」の〝ジュン〟で、「JUN」商品を宣伝してゆく番組でもあった。

浜村はこの放送で、ラジオ番組としていかに面白くやってゆくかというテクニックを学んだという。

「これはね、いただいたお手紙をきっちりそのまま読まずにですね、こっちで勝手に崩して親しみやすくして読むということなんですね。一字一句正確に読むよりかは、料理はこちらに任せてほしいということなんです」

昭和四一年一二月、ラジオ大阪は月曜から土曜日までの関西最初のオールナイト生放送番組（午前二時三〇分—五時）を始める。『オーサカ・オールナイト　夜明けまでご一緒に』である。この番組は、火曜日担当の当時は無名に近かった落語家・笑福亭仁鶴を世に出した番組として知られている。

各曜日の担当は、月曜・尾崎千秋アナウンサー、火曜・笑福亭仁鶴、水曜・浜村淳、木曜・本田雅嗣アナウンサー、金曜・加藤ひろし、土曜・高橋キヨシ（のち新野新）であった。

水曜日担当の浜村は関西弁にこだわった。浜村は以下のように記している。

〈標準語といいますか、東京弁といいますか、そういうものを使うまい、関西において東京

弁というのは、所せんは外国語である。こう思いましたので、初めっから大阪弁で、関西弁でしゃべったんです〉

賛否両論あったが、その後、関西弁のＤＪが増えるにしたがって、〈自分としてやはり、あれでよかったなァ、先見の明があったな〉と思ったという。

ラジオ大阪は、昭和四三（一九六八）年二月から月曜―金曜午後二時―四時枠で『バンザイ歌謡曲 みんなでみんなでリクエスト』の放送を開始している。他の曜日はアナウンサーが担当する中、浜村淳は水曜レギュラーとして参加する。

番組はその後タレントを中心に出演者を適時変更しながら、昭和六二（一九八七）年一〇月まで続けられた。『バンザイ歌謡曲』には、二代目桂春蝶、田淵岩夫、笑福亭鶴瓶、板東英二、月亭八方、桂べかこ（桂南光）など多くの関西放送タレントが随時出演。浜村は曜日やアシスタントを変えながら、昭和五五（一九八〇）年一〇月まで出演した。

『放送演芸史』（世界思想社）に、ラジオ大阪の名プロデューサーであった都筑敏子が『バンザイ歌謡曲』の代表的な各曜日担当を記している。それによると月曜＝横山プリン・浅川美智子、火曜＝浜村淳・末広真樹子、水曜＝上岡龍太郎・板垣晶子、木曜＝月亭可朝・桜井一枝、金曜＝安達治彦・荻野恵子となっている。出演者がユニークなのは、横山プリン、上岡龍太郎は漫才の出身。月亭可朝は落語家。正統派のＤＪは、浜村淳と安達治彦のみ。都筑の見るところ浜村と安達は〈お互いに強く影響しあっての番組作りであった〉という。横並びではあるが、関西独特の演芸人とＤＪ人とのごった煮番組であった。都筑は書く。

〈誤解を恐れずあえて言わせてほしいのだが、この「バンザイ歌謡曲」こそが〝大阪ディスクジョッキー〟というもののすべての要素をそなえた原点であった〉

都筑敏子は、のちに上岡龍太郎の代表作である『歌って笑ってドンドコドン』を作った。昭和四五（一九七〇）年四月、ラジオ大阪で演芸人ディスクジョッキーの極めつけ番組といわれている深夜放送がスタートした。浜村淳の放送芸としてのスタイルを築くことになる『ヒットでヒット　バチョンといこう！』（一昭和四九［一九七四］年六月）である。

各曜日の担当は、月曜＝桂春蝶、火曜＝正司敏江・玲児、水曜＝コメディNo.1（前田五郎・坂田利夫）、木曜＝浜村淳、金曜＝桂小米（桂枝雀）・吾妻ひな子、土曜＝笑福亭仁鶴、日曜＝桂三枝（六代桂文枝）である。

「『バチョン』というタイトルは、望月正憲ディレクターがね、なんの考えもなしに「バチョン、そや！　これ、ええ」というてね、瞬時に決めたんですよね、あれは……そうでした、そうでした（笑）」（浜村淳）

ラジオ大阪『ヒットでヒット　バチョンといこう！』と、それに続く『サタデーバチョン』で、浜村淳のラジオ話芸は完成されてゆくことになる。

浜村の噛んで含めるような語り口調もこの番組あたりから確立された。「やっぱりこれは深夜放送、『バチョン』あたりからでしょう」と浜村は笑う。

「とにかく分かってもらいたいという気持ちがありますわ。だから、たとえばね、今、朝のうちの番組（毎日放送『ありがとう浜村淳です』）でやる生コマーシャルはホントに噛んで含めるようにいいますわ。ラジオって、何かをしながら聴いている人が多いですからね。ちょいちょい内容が分からなかったり、聞き間違えたりしますでしょ。だからなるべくそういうことがないようにしたいと思いましてね」

ただ、浜村がいうのは、それは朝の番組の場合である。『バチョン』は深夜放送である。しゃべり方は時間帯によって微妙に変えているのであろうか。

「いや、しゃべり方は変えませんねえ。笑福亭鶴瓶ちゃんから「浜村さんの放送を聴いてたら、ようアホにものいうようにしゃべってまんなあ」といわれたことがありましたが、これはね、「アホにものをいう」というのは、はばかれますので、「子どもさんにものをいうように――」と変えていうてますけども、鶴瓶ちゃんは上手いこといいましたね。それで私は、「分かってもらいたいねん」「でも、ちょっとくどい」「くどいけれども、分かってもらいたい。間違うた聴き方をしてもらいたくないから、ああいうしゃべり方になるんや」と、いうたもんですわ」

しかし、深夜放送は若者を対象にしているためにテンポは早かった。

「まあ、早かったですね。若い人が相手ですし、投書がもう全部、中高生でしょ。いやでもそういう雰囲気にはなりますよね」

『ヒットでヒット　バチョンといこう！』を担当するに際して、浜村はひとつの方針を立てた。

「あのころ思いましたのは、中学生を対象にして、中学生らしい中学生に向くような放送をしたらダメやと。中学生を対象にしたときは高校生を対象に。高校生を対象にするときは大人にしゃべるようにもっていかないとダメやということが分かりましたですね」

浜村は若者を対象にした深夜放送で、文化や社会的な硬派なネタを分かりやすく扱っていくことにした。

「こら、あかんやろうと思いながらもですね、例えば水俣病を扱った石牟礼道子さんの『苦海浄土』なんかをね、バックに御詠歌を流しながら朗読をしたんですね」

七〇年代は、高度経済成長で公害が問題視されていた時代である。女子中学生の投書から、淀川の湾処《わんど》掃除が番組の年二回の恒例行事と化したりもした。

「番組は中高生対象ながら、大人を対象にするように全日空機の羽田沖墜落事故をね、柳田邦男さんの『マッハの恐怖』を使って考えてみたり、山崎朋子さんの『サンダカン八番娼館』とか、それからシンガーソングライターの岡林信康さんの曲「チューリップのアップリケ」を使って、いわゆる被差別部落の問題を取り上げたりもしました。まだ、その時代はそういったテーマを放送でも扱えたんですね」

ラジオというメディアはテレビとは違って、番組のパーソナリティがリスナーたったひとりのために語りかけているような感覚を聞き手に与えることができる特徴がある。それゆえに送り手と受け手に不思議な深いつながりができる。浜村が投げかけたテーマを若いリスナーたちが真剣に受け止め、自分たちの思いを投書に託した。

「その一枚一枚に熱い思いがほとばしっていて、こちらに語りかけてくるような文面なんです」

『ヒットでヒット バチョンといこう！』では、もうひとつその後の浜村淳の活動を決定づける話芸が誕生した。映画解説である。浜村自身は「映画漫談」とも称する。

『心の旅路』という映画がある。原題は『Random Harvest』。マーヴィン・ルロイ監督の一九四二年度のMGM作品である。ロナルド・コールマンとグリア・ガースンの共演。この映画がリバイバル公開された。

浜村はこの映画について、番組内でしゃべりたくなった。記憶喪失のコールマンとその妻の物語。浜村はまずこの邦題に感心し、そこから映画の内容へと話は移っていった……二〇分はしゃべった。当時は、映画のストーリーを何十分もの時間をかけて語るような放送はあまりなかった。浜村には自信がなかったが、翌週、多くの投書が寄せられた。好評であった。その結果、毎回、映画についてしゃべる「耳で聴く映画館」とでもいうべきコーナーが確立され、その後は番組だけではなく浜村淳の話芸のひとつの特徴ともなっていく。映画評論家という肩書も加わった。

しかし、浜村の映画に対する姿勢はあくまでも映画ファンそのものである。この姿勢は著名な映画評論家（本人は映画伝道師といった）で話術者でもある淀川長治にも共通する。

浜村はいう。

「ぼくはね、映画を見る前には原作は絶対に読まないんです。もうイメージができてしまいますからね。原作を読んで想像したものと映画はやっぱり違いますでしょ。だからぼくは試写会へ行くと関係者に配られるプレスシート（解説書）すら読まないです。まあ、映画が終わって読む分には非常に結構ですけれどもね、事前にストーリーを読むなんてことは絶対にないですね」

あくまでも映画ファンとしてのわくわく感や感性を大切にしているようだ。吉永小百合主演の『母べえ』（二〇〇八）という松竹映画がある。スクリプターとして長きにわたって黒澤明を支えた野上照代の両親を描いたエッセイが原作だ。

「山田洋次監督の作品ですから、もうきめの細かい丁寧な撮り方でね、文字通り名作なんですけれども……野上というドイツ文学者の役に坂東三津五郎と書いてあるんです。ぼくはそれすら読まないほうがよかったなと思いましたですね。読んでしまうと、「あれ？　歌舞伎の三津五郎さんがドイツ文学者の役をやるのか？　時代劇ではないし。どんなふうに演じるのかな」と余計なことを思ってしまいますよね」

あくまでも白紙の状態で映画を見たい。入場料を払って見る観客の立場を大切にしたいという。

浜村は『キネマ旬報』でVTRで映画を見て原稿を書く評論家がいることを憤慨する記事を読んだ。劇場映画はあくまでもスクリーン観賞用に作られているはずだ。

「そのとおりなんですね。やっぱり大勢の人と一緒に映画は見たいもんですね。少なくとも試写室といえども二、三〇人は来てます。そういう人たちと一緒にあの雰囲気に浸りつつ見るというのは、ぼくはやっぱり観客の立場だと思いますね」

浜村淳は、映画を鑑賞する場合にメモはとらない。ひとつのたとえを話す。毎日放送テレビ『素人名人会』で、審査員の大久保怜が出演者に向かっていった。「歌詞をもって歌うな！」と。「それは歌《うと》てんのとは違う。読んでんねや！」。

浜村は語る。

「それはぼくらが映画を紹介する場合も同じことなんです。メモがあるとかえってそれにとらわれますね。だから実際の映画自体とは多少ずれてもね、テーマを本質さえ外さなければ、あとは自由奔放にしゃべってもええのやないかと思いますね」

浜村の場合は、映画を見たときの感覚、感情をポイントとしている。

「見ていて一番ドンと胸にきた場面――これさえつかんどいたらもう大丈夫やと思いますね。あのね、映画を映画のままましゃべったら、そら二時間でも、三時間でもかかりますよ。だから一番のポイント――テーマですね。テーマと、それからこの場面さえしゃべっておいたら、だいたいその映画全体に通じるという山場といいますか、そんなところを話すようにしてますね。だから必ずしも映画の流れとぼくの映画漫談のしゃべりは順番なんかは違いますね。かなり変えてやってますわ」

浜村淳は、映画紹介に「実はね――」というように、その映画のストーリーのフォローや、こぼれ話、スタッフ、キャストのエピソードなどをできるだけ挟むようにしている。分かりやすい。これは司馬遼太郎の歴史小説に挿入される「余談だが――」「以下、無用のことであるが――」的手法ともいえる。

「エピソードなどはできるだけ入れるようにしてますが、ただ、それがあんまり長くなると映画そのものから離れますので、映画の紹介が終わってからいうとか、前もっていうとか、ちょっと枠から外してしゃべるようにはしているんですがね……」

映画紹介はあくまでもストーリー中心である。『中国の植物学者の娘たち』（二〇〇五）という映画があった。『中国の小さなお針子』（二〇〇二）のダイ・ジージエ監督の作品である。「これは非常にいい映画でしたですね。ところがこれはね、映画が始まるといきなりね、人民裁判の場面で「死刑！」っていうてるんですよ。こら、もうストーリーを最後までいわなしゃーない（笑）」

浜村淳の映画紹介でよくいわれることは「浜村淳は映画を最後までしゃべってしまうことがある」ということである。この点について浜村はどう考えているのであろうか？

「あれはね、確信犯なんです（笑）。というのは、ちょいちょい「さあ、どうなるか？　あとは映画を見てください」と終わるとね、必ず非難の投書がくるんです。今、地方に映画館がないでしょ。まあ、いずれテレビで放送されたり、ＤＶＤになるというても、そんなん待ってられません。そういう映画をすぐに見られる都会人のエゴをこっちへ押しつけてはいかんというような投書は必ず来ますよ。でも、最後までしゃべるとね、「よくも最後までしゃべりやがったな！」ということでね……（笑）。だから、ぼくは推理ものは別としても、ある程度結末が想像つくものはしゃべってもいいと思うんです」

映画を紹介する場合は、なるべく映画会社からサントラ盤を取り寄せて使うようにしている。音源がない場合は、なるべくその映画に合った音楽を放送局のレコード室から取り出して使用する。ただし、効果音は用いない。これも話術のうちである。

『ミッドナイト・イーグル』（二〇〇七）という松竹映画がある。浜村の解説を見てみよう。しゃべりのバックには、サントラが流れている――。

「大沢たかおさんはね、カメラマンです。しかもいろんなところへ出かけていって事実をカメラに写します報道カメラマンです。ただ今はね、アフガニスタンかどっかでね、戦争の真っ最中ですよ。政府の軍隊と反乱軍が戦っております。ダダダダダダダダッ！と撃って撃って撃ちまくる。ところどころで爆弾がドカ――ン！と爆発すると破片が、石の欠片がザァ――ッと雨のように降ってきます」

浜村は効果音まで自ら演じる。そして――「ちょっと爆弾の音がやんだんで（大沢たかおさんが）恐る恐る顔を上げますと、すぐそばに真っ白な服……長い膝下まである服、あれあのあたりの人々が着る民族衣装ですね。それを着たひとりの坊やがね、あれで四つか五つでしょうか。可愛らしい顔をしてね、茫然とそこに立っているんです。いかにもやつれ切ってます。もしかしたらお父さんもお母さんもみんな、この戦禍の犠牲になったんでしょ……」と、浜村は一映画ファンとして、ストーリーを語るのだ。

浜村の映画解説には、ときとして講談の修羅場のようなテクニックを使う場合がある。修羅場――合戦の場面を畳み込むように読み上げることである。

「ぼくはね、講談の修羅場的な語りは、ものによってはあっていいと思うんですね。ある程度、ここぞという場面では畳み込みますね（笑）」

『4分間のピアニスト』（二〇〇六）というドイツ・アカデミー賞の作品賞・主演女優賞に輝いた映画がある。人殺しで刑務所へ入っている一八歳の天才ピアニスト少女が主人公である。「この映画はね、最後の四分間で創作曲を弾く場面が圧巻なんです」と浜村は目の前で演じてくれた。

「主人公はピアノの前に座って普通には弾かない。いきなり立ったままバンバン、ター――ッと（浜村は机をピアノのようにバンバンと叩きながら畳み込むようにしゃべった）弾きはじめて、今度は指で弦の部分をかき回すんですよ。そして今度はピアノの周りをグルグル回り、バンバンバンバンとピアノを叩きながら足で床をドンドンドンドンと鳴らして、これが打楽器の効果になるんですよね。それでまたピアノの前に立って、屈みながらパパパパパ、パパパパ……と弾きながら弦をかき回して、また弾きながら、バーン、バーン、バーン、バーンと叩く、これが四分間も続くんですよ。初めは呆気にとられていた会場が嵐のような拍手ですよ。スタンディングオーベーションですね。立ちあがった彼女は「は～ッ、は～ッ、は～ッ」と息をつきながら頭を下げたとたん、両手に手錠をガチャンとはめられます。つまり刑務所を脱走してコンクールへ出てたんですね」

ブルース・リーの『燃えよドラゴン』（一九七三）が公開され、カンフーブームが日本で湧き興った際には、浜村は活劇用語まで創っている。

「しゃべる際にはワザの名前を神変《しんぺん》胡蝶《こちょう》肘打《ひじうち》五段返《ごだんがえ》し、必殺《ひっさつ》飛燕《ひえん》一文字《いちもんじ》五段蹴《ごだんげ》りとか考えましたですね（笑）。東和映画（現・東宝東和）が新聞広告でも使いました。カンフー映画なんて当時初めてでしたからね、なんとなくインパクトのあるワザを考えてやろうとつけました。でも、あんまりそういう言葉でワザが決まるもんじゃないです（笑）」

浜村は『俵星玄蕃』を朗々と語り上げる三波春夫に修羅場語りのアドバイスを求めた。そして三波からは「口跡をはっきり、メリハリをつけてしゃべりなさい」と教えられている。

淀川長治の話術

浜村淳の映画解説と淀川長治のそれとは似て非なるものだといえる。浜村は考える。

「ぼくは淀長さんのほうが上手いと思います。淀川さんというのは、低い声でしゃべりだす。（低い声で語る）「はい、恋人がロバート・ミッチャムの子どもに殺されたあと、モンローがギターを弾きながら歌いますね」と、こういうふうに声を高く張らないで、順々に諭すようにひとつの節をもって語ってゆくというのはね、上手いなあと思いますね。やっぱり大した才能ですね。ぼくは姿勢としてはあの人に学びたいですね。テレビで見るかぎり淀長さんは、私にだけ語りかけてくれているという印象をもたせるでしょ。あれ大事なことだと思いますね」

浜村がいう淀川話術は『日曜洋画劇場』（テレビ朝日）の解説のことであろう。ただ、淀川話術は必ずしもテレビの洋画劇場の解説だけではなく、講演やラジオでの話術のほうがさらに優れ、淀川の映画に対する姿勢やその話術の特徴がよく出ているように考えられる。

しかし、まずは浜村がいうように淀川長治の『日曜洋画劇場』の話術から見てみよう。

『ジャイアンツ』（一九六五）の解説である。

〈はい、今晩は『ジャイアンツ』をご覧になるんですね。私は胸いっぱいですね。皆さん、ほんとうにこの映画を何度もご覧になったと思います。けれどもご覧になったら、また感激は新たに盛り上がると思います。どんな感激か。映画なんですね。名画とはこれですね。ジェームス・ディーンの遺作ですね〉と始まり、映画の舞台や冒頭シーン、原作、作曲、出演、監督を紹介する。

後の解説では、映像の話術の妙を語る。

〈新婚夫婦（ロック・ハドソン、エリザベス・テーラー）になってやってきたとき、リズが夜明けに（列車の）窓から外を見て、「あのね、テキサスにきたらば知らせてね」といいましたね。そのときに夫がいいました。「もう八時間前からテキサスにきているんだよ」といいました。いかにスケールが大きいか。テキサスの広さがよくわかりますね〉

この作品は、昭和四九（一九七四）年二月に二週にわたって放送されている。後編の締めくくりで淀川は解説をこう結んだ。

〈原作者も死に、ジェームス・ディーンも死に、監督も死んでおります。けれどもこの映画は生きておりますね。そうして生きて感激を皆さんに与えました。名作とはこれですね〉

淀川長治の話術のすごさは、映画そのものを語ってしまうすごさである。これは『日曜洋画劇場』などの解説ではない。映写機そのもののような話術であった。淀川は、講演や『淀川長治ラジオ名画劇場』（TBSラジオ）などの番組でその話芸を披露した。

『唐人お吉』（昭和五年）という映画がある。溝口健二監督のサイレント期の作品。フィルムは現存しない。初期の溝口映画のヒロイン・梅村蓉子がお吉を演じた。淀川は語る。

〈これは、最初、下田の港。若いのが十人ぐらい、エンヤコラと綱をひいてるの。そこへおばあさんが来て、「もう若い者に任せて帰りましょう」言ったの。このなかにおじいさんが一人入ってたのね。おばあさんは、鋳掛けと提灯を持ってるの。おじいさんと一緒に、おばあさんが、あとは若い衆に任せて帰ろうかなあというところから始まるのね。そのときに網から魚が二、三匹落ちてるの。それをおばあさんがひろってかごに入れるのね。それがよかったな、今晩の飯のため、ちゃんとおかずをもって帰るところが〉

淀川の観賞眼は細部にわたる。

〈で、二人で歩いていくところをキャメラがずっと追いかけていくの。向こうは白い波、こっちは白い砂、そこをずっと歩いてるの。だんだん暗くなってくる。暗くなってくると、波の白さがきつくなってくるの。暗いから、おじいさんが「火を入れようか」言うの。おばあさんは、「はい、はい」と、しゃがんで火を入れるの。パッと火がついたら、二人のシルエットになるの〉

映画そのものを見ているような話術である。

〈暗いなかで提灯がとまっちゃったから、キャメラが寄っていったの。提灯を下に置いたのね。そこに若い女の脚がだらしなく両股開いてるのが見えるの、うつむいて倒れてる。着物の裾がきれいなの。「ばあさん、溺死じゃな」「そうじゃのう」と言って、ずうっとキャメラが上がっていくの。そうしたら、女の帯が乱れて、髪が乱れて、櫛が飛んでるの。「ばあさん、あのべっ甲の櫛だけで、わしら一生食えるな」。おばあさんは若い女をよく見て、「これお吉だな」と言ったの。死んでるんじゃないのね。ただお吉がうつむいて倒れてる。そばに徳利が落ちてるのね。お吉が酔っぱらって倒れて寝てしまったのね。それがファーストシーンなの〉

淀川長治ほど喜劇王チャールズ・チャップリンについて語り続けた人はいない。おそらく世界一のチャップリン研究家といっても過言ではないだろう。チャップリン自身とも二度会っていて、そのときのエピソードを、淀川はひとつの人情ばなしのように語った。

チャップリンだけでなく、日本人秘書の高野虎市との交流や、その高野の紹介で長らくチャップリンの相手役を務めたエドナ・パーヴィアンスとも出会った。筆者にも淀川は「エドナに会った日本人はぼくだけだもんな」と誇らしげに語った。

浜村淳もチャップリンについては、淀川に負けず劣らずこだわっている。大ファンのようで、チャップリン映画に関してはその話術も冴えた。

『街の灯』の語り

『街の灯』（一九三一）は、放浪者が盲目の花売り娘に恋をする物語。娘の目の手術代を捻出する方法での誤解からチャップリンは刑務所行き。釈放され、みじめな姿で歩く目の前に小綺麗な花屋を開店させた娘の姿があった。ガラス越しに見とれている放浪紳士に哀れさを感じたのか、娘は一輪の花と銀貨を施すために店から出てくる。浜村の語りである。

「カーネーションの花を差し出すと、チャップリンは黙って受け取るんです。「銀貨ももっていきなさい」これは遠慮するんですよ。みじめですから。「結構です。結構です」って後ろへ下がるんですね。ところが、それを遠慮と勘違いした花売り娘が、チャップリンの手をとって、ぐーっと引き寄せて、「もっていきなさいな、これぐらいのお金」と、チャップリンの手に銀貨をギュッと握らせたんです。すると、すぅーと花売り娘の顔色が、変わっていくんですね。

ハッ！　この人のこの手の温もり、私覚えてる！」

「チャップリン映画は天才芸ですからね、口では言い表せないですね」という浜村は、『街の灯』をこう締めくくる。

「それからこの映画は、世界の映画史上もっとも有名な三枚の字幕を出して終わってしまいます。その三枚の字幕は、一枚目が、「あなたでしたか」すると、チャップリンがカーネーションを口許に持ってきて。バストショットで撮ってるんですけど。黙って頷いてね、「見えるようになったんですね」という。するとカーネーションの花がはらはらと散るんです。で、花売り娘が、「はい、おかげ様で」というたところで、「終わり」と出てしまうんです」

では、今度は『街の灯』を淀川長治の語りでご紹介しよう。

チャップリンが恋した盲目の花売り娘は、目が治り花屋を開いていた。誤解で入所した刑務所から出てきたチャップリンは「よれよれの着物だけやない。ズボンがヨロヨロで、ズボンのお尻のところが穴が空いてんの。そこへお尻のところへ猿股の紐が出とるの。みすぼらしい格好。こんなみすぼらしい姿見たことない」という扮装である。店内からその姿を見つけた娘は、それが自分の恩人とは思ってもいなかった……。

「（チャップリンが）ヒョコヒョコ歩きかけてホッとウインドウのほうを見たら、あの娘。びっくりした。けれども「おや、あんたか？」なんていう元気がなくて、ただニヤッと笑って見て、おまけに自分のみすぼらしさを見られたら恥ずかしいから知らん顔していこうとしたときに「ちょっと、ちょっと、ちょっと……」。呼び止めて、花一本とって、そうして出した。チャップリンは「なんて優しい人なんだろう。昔のあの娘さんと同じ優しさだなあ」と思て、顔ばっかり見とる。「おかしな人ね」と思いながら「お婆ちゃん、ちょっと、ちょっと小銭ない？小銭ちょうだい」。そこら凄いなあ。命の恩人、目の恩人の目の前で、花一本、小銭一枚やろうとした」

有名なエンディングである。

「チャップリンは黙って顔見とる。「よかった。目が見えるのか」というので、（娘が）その花を押しつけたときに「えいッ」と、とってチャップリンは行きかけた。「ちょっと、ちょっと、ちょっと、小銭……」、まあ、今でいうたら一〇円か、五円か、そんなものをチャップリンの掌に押しつけた。チャップリンは「いらん、いらん」いう顔してるのに「おとりなさい、おとりさない」。渡したときにチャップリンの手を握った……そこが凄いなあ……手を握った……手を握った。チャップリンがいつでも親切にしてくれた、あの手。金持ちのいいお家のお方の手と思てた同じ手。思わず（娘が）「あんた……」といった。「ユー？」。チャップリンが「はい……」といった。「そうだ」といった……「あんた……」といった。そのときにチャップリンが「もう見えるようになったの？」。びっくりして娘さんが「はい……はい……見えますよ」というところで終わるのね」

浜村話芸の怪談

『ハイッ！浜村淳です――ABC』（昭和四九〔一九七四〕年四月八日―五三〔一九七八〕年九月二九日）は、朝日放送ラジオの人気番組『ABCヤングリクエスト』開始直前の午後一〇時からの一時間番組であった。浜村によるとラジオ大阪『ヒットでヒット バチョンといこう！』に触発されてできた番組だという。

番組には名物コーナーがたくさんできた。「淳ちゃんのおもろい話」「淳ちゃんの怖い話」映画の話も毎日のようにあった。『平凡パンチ』提供「パンチものしりカセット」という浜村がかかわらないコーナーもある。

特に『ハイッ！浜村淳です』では、「淳ちゃんの怖い話」が名物となる。まだ、稲川淳二が出現する以前の話である。

「これはね、今田さんという名物ディレクターがいたんです。この方が「怖い話」「おもろい話」というのをコーナーとして考えたんですね。それまでにも、『バチョン』でも「怖い話」はやってたんですよ。でも、『バチョン』の場合は、そういうお便りが来れば折にふれて読んでいくというぐらいでした」

　筆者が覚えている、落武者が現れるという、いってみればしょうもない話がある。

「（ゆっくりとねばりつくような語りで）ガチャリ……、ガチャリ……（鎧の音である）、「誰かいるの……（少し声を上げ）誰かいるの……（声をひそめて）誰かいるの……」。（ここから早い調子でいい）サッと振り向くと……（大声で）誰もいない！（また声をひそめ）誰もいないんですねえ……」

　誰もおらんのかい！という感じではあるが浜村の語りではさすがに怖い。

「やはり怪談ばなしには随分と工夫がいりますね。声をひそめてみたりですね、ワッ！といきなり大きな声に変えてみたり……たとえば（やはりねっとり、ゆっくり声をひそめ）真っ暗な国境の峠のトンネルの中に……青白い火が、（ゆっくり）フワッと浮く……トンネルの壁にいきなり女の人の顔が、（声を張り）ウワッ！と浮かぶ。（か細い声で）「うらめしい……うらめしい……（少し強く）あいつがうらめしい……」」

　しゃべりのバックに流れるBGMも大切な効果である。「これは大事ですよ」と浜村はいう。陰気な曲。さらにご詠歌や、お経などが静かに流れていれば、聞き手の背後から怖さが漂ってくるようで効果は絶大である――。

『ありがとう浜村淳です』

浜村淳は、「関西の朝の顔」といわれている。これは放送開始四〇年を超える毎日放送ラジオ『ありがとう浜村淳です』での認知度である。放送開始は、昭和四九（一九七四）年四月八日である。月曜日から土曜日の午前中のOA。これは月曜日から金曜日に放送されていた『ごめんやす馬場章夫です』の土曜版とでもいうべき番組であった。この時間帯で先行する番組に『ごめんやす浜村淳です』という土曜日（昭和四七〔一九七二〕年一〇月一四日開始）の番組があった。

当時の浜村は、ラジオ大阪の深夜放送以来の若者をターゲットとしたしゃべりの志向が強かった。朝の帯番組の担当依頼に、浜村は当初まったく興味を示さなかったという。〈耳も貸さなかった〉という強い言葉で、毎日放送の社史には記されている。さらに〈夫人を口説き、本人の年齢からもアダルトに転向すべきだと押しまくるスタッフについに折れ、夜から朝への転向を決意してくれた〉とある。以来、浜村のライフワークとなった。

番組の大きな特徴のひとつは、冒頭の〝新聞詠み〟である。新聞詠み――新聞を読みながら、それを面白おかしく聞かせてゆく、そしてときには警鐘も発する。社会風刺漫談でもある。浜村は語る。

「だいたい〝新聞詠み〟を始めたのは、皆さん、なかなか新聞をお読みにならないし、また、読んだところでちょっと分かりにくいという人もおられますよね、そうしたら、それを分かりやすく、さらに……まあ、悲惨な事件でなければね、講談で張扇を叩くようにして、面白おかしく語ってゆく……そういうふうにして分かってもらいたいという気持ちがあるんですね」

〝新聞詠み〟を番組で取り上げるからには、一、分かってもらいたい。二、面白おかしく楽しんでもらいたい。ある程度はエンターテイメントに仕立てる。三、警鐘とまでは大層にいわなくとも、世知辛い世の中をなんとかせないかんなあという願望。この三つの気持ちが浜村にはある。

浜村は、毎朝全国紙とスポーツ紙を読み込み、〝新聞詠み〟の構成を考える。自作自演である。

「もちろん新聞記事をそのとおりに読んでいては、聴取者には分かりにくいですね。ですから、やっぱり事件より先に、どこにどういう人がいて、何をやったかというふうに順番を入れ替えて話すようにはしています」

浜村淳は、「社会的な堅いネタを語っていきたいとは思う」という。ただ、あまり硬い話題では、聴取者にとってはとっつきにくいのも確かである。新聞を番組に取り上げるポイントはどこにあるのだろうか？

「やっぱり、これはまあ、いやらしい感じかもしれませんが、この話が一番受けるだろうと

いうものから選んで、番組の頭にもっていきます。いわゆるつかみですね。ええ……（笑）」（浜村淳）

平成二〇（二〇〇八）年九月二四日は、自民党の総裁が選出された翌日である。番組冒頭のしゃべりである。

「今日の午後にね、日本の九二代目の総理大臣が決まります。それは自民党総裁の麻生太郎さんでしょう。ねえ。衆議院では自民党というか、与党の数が多いんでそうなるでしょう。参議院では（民主党の）小沢（一郎）さんに投票する人のほうが多いらしいんですが、これ、衆議院のほうが勝るそうですね」

浜村の語りは「子どもさんにでも分かるように――」がモットーである。非常に丁寧である。話は続いてゆく――。

「ところで今朝の『報知新聞』（スポーツ報知）がこんな記事を載せてます。世界の主な国々を調査して、どこの国の政治家、どこの国のお役人が清潔であろうかと……これひっくり返すと、どこの国の政治家、どこの国のお役人が不潔であるか……不潔というのは長いこと風呂入りよらん、そんな意味やないですよ。悪いことしまんねや。古い大阪なまりでいうと〝わりィこと〟しますねん。悪事を働く、汚職をする。腐敗しておる。どこの国が一番かというと、それは書いてない……」

清潔性のアンケート調査であるから書いてないのは、当然であろう。しかし、分かりよい。そして意図的に問題意識をえぐり出している。

では、日本の総理大臣が選出された翌日、九月二五日の番組冒頭はどんな話題であったのであろうか？

「今朝の『デイリースポーツ』見てみましたら、SMAPが二年ぶりにコンサートツアーを始めましたが、いきなり初日で香取（慎吾）君が舞台の穴へ落ちたてね……高さ、1・5メートルということなんですが、ステージには舞台装置のための穴、窪みがありまして、そこへ落ちたんやそうです」

この日は、政治ネタではなく、いきなり芸能ネタから始まっている。「今朝の新聞から」で取り上げる話題は政治経済、事件事故、芸能ニュースと幅広い。

「いろんな話題をしゃべられるのは、八時台のみですからね。あの時間に詰めれるだけ詰めてなるべく枝葉をそぎ落としてしゃべるようにしています。そして現代社会において何が一番問題なのかという、その核心をつくというたら、とてもそれはできませんけれども、少しでもそこへ近づきたいと思てはやってます」

ニュースを分かりやすく読む。浜村がもっとも気にかけていることである。浜村は新聞記事を、ときには仕方ばなし的に噛み砕いて聴取者に語りかける。

『毎日新聞』の記事です。振り込み詐欺がまたまた盛んになってきました」

だんだんと記事に血肉を通わし、そして分かりやすいユーモアも交えて語る。

「東京都の六四歳の女性が、携帯電話になんや見たこともない番号がパッと出てくるのを発見したんです。するとね、その番号から男の声で電話がかかってきて、「ぼくや、ぼくや」っていうんですね。もう六四歳ですからね、こら息子やなと、勘違いするんですねえ。ようありますねえ。「ぼくや、ぼくや」「お、お、勇か?」「そやねん、勇やねん、苗字は近藤いうねん!」。新撰組やがな。「勇や」「そや、ぼくやねん。携帯電話の番号を変えたんや、最近……ぼくやで」というんです。そしてね、いっぺん切るんですってね。それから明くる日、もういっぺんかけてきて、「お母さん、ぼくやねん、勇やねん。実はな、女の子を妊娠させたんや。急いで一四〇万円いるから振り込んで」というんです」

このコーナーは、放送終了後にインターネットラジオとしても配信されている。海外での聴取者も多い。日々、日本のニュースを楽しみにしている。

「放送で新聞を読む場合、やっぱりあんまり硬い記事を話題にするとね、聴取者は喰いついてはこないですね。ところが芸能ネタっていうのは、海外で聴いておられる方はわりと喜んでくれるんですね。社会的なネタっていうのは、外国にいても入ってきます。ところが芸能ネタ(笑)なんてね、入りませんわ。だから結構受けます。ですからなるべくよく知られた芸能人のネタを入れていきますね」

浜村によると日本の新聞では、国際欄が一番少ないという。まるで国際ネタは他人事であるかのような扱いである。

「やっぱり、世界における日本というのはどういう位置を占めてるのか、好かれているのか、嫌われているのか、そういうことも重点的にしゃべりますね。たとえばインド洋に浮かぶ外国の軍艦に海上自衛隊の船が給油すべきか、どうかという問題があるとしますね。そういうことを押しつけがましくなく……ぼくはすべきやと思いますが……さて、皆さんはどう思いますかというふうにお話しします」

アメリカ発の株価暴落の際の影響を、浜村は庶民目線で優しく分かりやすく番組内で解説する。

「日本は海外へ品物を売って暮らしている国ですからね、これが売れんのです、今。日本経済に悪い影響が長期――（分かりやすいように丁寧にもう一度）長い月日、出るかもしれない。そうすると、まあ会社の、企業の収益が悪くなると賃金が低くなりますね。お給料、ボーナスが低くなります。そうするとものを買う気持ちがのうなります。悪循環ですね。でも、まあ一〇〇円のものを、八〇円のもん探して買おかと。急にいらんもんは買うのやめとこか。これで経済活動が不活発になり、まして悪循環になるわけですね。そうすると銀行もますます財布の紐を固く絞めまして、貸し渋りです。こういうことになってくるんですね」

浜村淳は保守的であるとの意見がある。浜村はいう。

「二、三年前に鳥取で京都府出身の野中広務さんと一緒になりました。野中さんが登壇して第一声、「世間は私のことを守旧派といいますが、決して守旧派（の部分）ばかりではないんですよ」って、そっから話を始めるんですよ。ぼくらでもそういうふうに思われている一面はあると思うんです。ですけれどもね、そうでもないわけです。個々の問題によって是々非々主義になってしまいます。だからそういう点でね、あるいは右に寄ったり左に寄ったりね……（笑）。そういう意味では一貫しないといえばそうかもしれません」

ラジオ番組は、広く公共の電波にのせられて各聴取者のもとへと届く。それゆえに発言には気を遣うという。

「ぼくの政治に対する発言にはかすかに富と権力者を嫌うチャップリンの影響がありますね（笑）」

『ありがとう浜村淳です』には、女性アシスタントの「さあ、幕を開けましょう。ありがとうファミリー劇場です！」から始まるラジオドラマのコーナーがある。

リスナーからの作文や、事件の裏側、童話、小説にスターのエピソードまでを脚色してラジオドラマとして放送している。浜村はアシスタント、そして少人数の出演者とともに、ラジオ劇の複数の登場人物を演じ分けていく。

上岡龍太郎などがモノマネをする年寄りの、ゴホォ、ゴホッ……と咳立てて、「お・ま・え・は・な……」というふうなあざといぐらいの演出は、ラジオという媒体においてはとても分かりやすい表現である。若者は若者らしく、年寄りはいかにも典型的な年寄りとして演じる。

浜村のラジオ劇にはお手本があるのだろうか？「これはね、突き詰めていけば森繁さんの真似ですね」と浜村はいう。この森繁久彌のマネというのは、昭和三二（一九五七）年四月七日―平成二〇（二〇〇八）年三月三〇日まで、実に五〇年以上にわたって放送されていたNHKラジオ『日曜名作座』での話芸を指している。

古今東西の名作や小説を脚色した台本を、森繁久彌は加藤道子とたった二人で、複数の人物を声色だけ変えて演じ分けた。森繁は書いている。

〈歴戦のラジオのダンナ方はバカにして笑った。声色物語かと――。第一回、尾崎士郎「人生劇場」。それから八百七十八本（昭和四十九年現在）。赤ん坊の役から百歳まで、一回平均十二役（男八役、女四役）私にして七千人の人物を表現（？）してきたわけだ〉

これに浜村は影響を受けた。森繁のファンでもある。

「森繁さんて、『日曜名作座』をやっていましたでしょ。森繁さんと加藤道子さんの二人で演じ分けています。あれが随分と面白いですし、演っていて楽しそうなんでね。子どもは子どもの声で演っていました。昔、ぼくのアシスタントであった鈴木美智子という人は、こういう声の使い分けが上手かったですね」

泣かせの演出にも工夫がいる。

「これはやはり声の使い分けですね。芦屋小雁さんなんか上手いじゃないですか。「父ちゃん、ぼくね、学校へ行ってね、寂しいと思い出すのよ」というね、そういう声の出し方、哀れさを出す。演歌の司会でも、主人公の気持ちになってそういう声でやるとお客さんものってくれるんです」

浜村淳の七五調司会

私が知るかぎり浜村淳のモノマネをもっとも早く演りだしたのは、田淵岩夫だと記憶している。「もし、浜村淳が交通巡査だったら」というもので、浜村の声色で非常に丁寧なものいいの警官を演じていた。

一般的に浜村のモノマネをメジャーにしたのは、太平サブロー（現・太平サブロー）であろう。『オレたちひょうきん族』（フジテレビ）などのバラエティ番組で、派手な衣装にサングラス、おまけにシークレットブーツを履いて、「さて、皆さん……」と、演歌を司会する浜村を演じた。これがひとつの浜村のイメージを大衆に植えつけた。

浜村淳が五七調の古風な演歌の司会を演るようになったのは、そう古いことではない。本章冒頭でも述べた昭和四三（一九六八）年一二月に始まる読売テレビ『全日本有線放送大賞』が最初である。テレビ局からは、「番組全体の総合司会をNHKを辞めたばかりの宮田輝さんにお願いしていいます。浜村さんには、曲紹介をお願いします。ただし、その司会は今は皆が演らんようになった五七調の司会で演ってください」と依頼を受ける。

「相当、まあ苦労しましたね。そんなことは今まで演ったことがないんでね」

参考にしたのは、西村小楽天の司会であった。かつて浜村は、『11PM』（読売テレビ）で、小楽天と共演したことがある。番組は、西村小楽天、宮尾たかし、浜村淳という歌謡曲司会者三人の特集であった。

「そのときに小楽天さんがね、「いやあ、私らの司会はもう古くてね……」といわはった。ぼくは「とんでもない。あなたが、あの五七調の語りの原形を作ったんですからね」といいました。小楽天さんはもともと活動弁士です。だから、「見えぬ瞼のその裏に、過ぎた昔の思い出が、浮かぶ波止場の日暮れ時……」というこういう司会ですね。だからそれを「あなたが創ったんじゃないですか。われわれはその跡を追っているようなもんです」と」

ただ、小楽天が活躍した時代は、浜村はまだ小学生であった。美空ひばりの専属司会時代でも、中学生であった。

「それから、もう小楽天さんの司会が古いというので、宮尾たかしさんの時代になった。これはね、「浜の酒場の止り木で、そっと傾けたグラスの底に、可愛いあの子の笑顔が浮かんでる。三橋美智也純情詩集より、あの娘が泣いてる波止場」と。五七調やなしに演るんです」

歌謡曲の司会には、歴史的な流れがある。まずは西村小楽天の五七調の司会。続く宮尾たかしは、五七調では語らない司会術を作り上げた。浜村淳にいわせるとそのあとに出現したのが、玉置宏ということになる。

「玉置さんは、元アナウンサーですから、宮尾たかしさんよりかはもっとアナウンサー口調なんです。たとえば「演歌の世界に美しく咲いた一輪の花。三沢あけみさんで「島のブルーズ」というようにね、節はつけないんですね。ですから、西村小楽天さん、宮尾たかしさん、玉置宏さんと、もうはっきり、くっきりと特徴のあった司会者はこの三人ですね」

読売テレビ『全日本有線放送大賞』の曲紹介では、浜村にその一番古い型の五七調の司会依頼が来た。その後のNHK大阪制作の特別番組『わが心の大阪メロディ』での司会も同様の五七調司会での依頼である。セリフ自体は浜村が全部考える。構成作家がいるわけではない。出演料とは別に構成料といったようなものはつくのだろうか？

「そんなもんあるもんですか……まるでないです（笑）。歌だけ送ってくれるんですね。これで適当に作ってくれというて」

とにかく演歌司会での語りは、当然ながらあまり曲から離れたことをしゃべってはいけない。語るポイントは、曲全体である。それも二、三〇秒のイントロ内だけで言葉を納めてしまわなければならない。そして活動弁士の流れをくむ演歌司会は、聞き手に画が浮かぶように語れればなおよい。

「やっぱり五七調が一番名調子に聞こえるんですね。そしてその曲がいわんとするところのエキスを三〇秒ぐらいに縮めてしゃべります」

中には、歌詞そのものを短くまとめてしゃべる司会者もいる。

「そういう人も結構ありますよ。こっちのほうが楽ですからね（笑）。それに聞いてるほうも、そない真剣にね、ひと言ひと言耳をそばだてて聞いてるわけやないんで、何かその感じが出てたらいいぐらいなんです。ただ、ぼくの経験でいうとね、NHKにしろ、前にTBSで演ったときにもありましたが、司会の言葉からテロップで出すことがある。これはつらいですね。変なこといえしませんからね（笑）」

司会者にとっては、舞台上の立ち姿というのも大事である。歌手より目立たなく見せる必要もある。浜村は「それも慣れですよ」という。当然のことながら、歌謡曲の司会者が歌手より目立ってはいけない。小柄であった三波春夫は、自分よりも背の高い司会者は絶対に使わなかったらしい。「それにね」と浜村淳はいう――。

「司会があんまり名調子でね、とうとうと演って迫力がありすぎても、歌手を喰ってしまいます。だから歌手が歌いやすいように、司会の言葉が終わったらスゥ――ッと歌に入っていけるようにもっていかねばいけないという宿命がありますね」

司会の立ち姿を目立たなく見せるのも慣れだという。また、司会者の前に何もないよりかは、テーブルがある場合のほうがやりやすいと浜村はいう。

「『上方漫才大賞』や『全日本有線放送大賞』の場合は、司会の前にテーブルがあるんですね。これがあるとものすごく助かるんですよ(笑)。まず、バランスがとれますわねえ。見た目にも、ただ立ってるよりかは、テーブルがあるほうが見てる側に対して安定感を与えます」

イントロ紹介のみでなく、歌謡曲の司会者は、場の雰囲気を盛り上げる必要もある。ときには涙、ときには笑いをである。こうしたしゃべりは、浜村の得意とするところでもある。特に関西で司会をする場合は、笑いは必要不可欠なのだ。大阪城ホールでの司会の話。出演者は、堀内孝雄、氷川きよし、香西かおり、川中美幸、中村美津子といったメンバーである。

「出演者は、氷川きよし以外、みんな関西の出身でした。そらぼくも含めて、舞台の上で皆もう無茶苦茶いうんですよ。私が「香西かおりさんは子どものころから民謡名人で、「りんご節」で大賞をとりました。それから太陽神戸三井銀行に勤めていましてね、やがて銀行の金を横領して歌手になったんです」というたんですよ。爆笑ですわ。すると川中美幸さんがすかさずね、「そのときの金でこの衣装を買うたんです」というわけですわ。また爆笑でしょ。もちろんお客さんは誰もそんなことを本気にはしませんわ。氷川きよしがびっくりしましたね。「関西て、こんなオモロイ人ばっかりか？」と。仰天してたのを覚えてますわ。呆気にとられてましたね。でも、ぼく自身もこんなステージになるとは思ってもなかったんですよ。司会で曲を紹介するだけの歌謡ショーと思ってたら、そのトークの無茶苦茶なこと……でも、歌手も関西人でないとこういうことはできませんわ（笑）」

演歌司会の場合、観客や歌手を感動させる話術も司会者の腕の見せどころである。浜村淳によると、いわゆる泣かせのパターンは「声の調子と、話す内容にある」という。

三門忠司という歌手がいる。出征した父親は、最後の面会で母親に「あとに生まれてくる子どもをよろしく頼む」と言い残している。三門は、当時母のお腹に宿っていた。戦争へ出かけた父親は、帰っては来なかった。浜村は以上のエピソードを語ったうえに「この人は父親の顔を知らないんですよ」としんみりとした口調でいった。三門の全日本有線放送大賞新人賞受賞時のことである。浜村の言葉に客席は泣いた。

「ストレートな言葉ではダメなんです」と浜村はいう。八代目桂文楽の表現がそうだ。チャップリンの映画もそうである。一生懸命生きている人に、人は感動する。浜村は二人の先人の芸に大いに学びたいという。

小林旭は、昭和五二（一九七七）年一二月、「昔の名前で出ています」で、第一〇回全日本有線放送大賞大賞を受賞した。作曲の叶弦大が祝いに駆けつけ、舞台上で小林と抱き合い泣いた。司会の浜村はそこへさらに言葉をかぶせた。「小林旭さんの「昔の名前で出ています」。この歌を聴きたいために、大勢の人が一〇円玉を公衆電話に入れて、リクエストしてくださいました。一人ひとりの一〇円玉がつもりつもってグランプリになったんです」。テレビ中継が済むと出演者はそのまま『11PM』にも出演する。そこで小林は浜村の手をとり、「あの言葉のおかげでものすごく心が安らいだ」といった。

司会者にも、歌手にも印象に残る司会である。ところが名司会者にも失敗はあった。

「『全日本有線放送大賞』は、前もって一回だけリハーサルがあります。ところが歌手のほうは、忙しいから全員揃わない。そのときの私の担当は八代亜紀さんの「海猫」でした。八代さんがリハーサルに来なかったので、アカペラ演奏に私の司会をかぶせました。これは尺にピッタリとハマったんです。しかし、実際、本番に八代さんが来るとね、私の言葉が食い込んでしもたんです。私の言葉が残っているのにもう八代さんが歌いだしているんです。そういった苦労はあります。テレビなんかの放送が絡んでいるときっちりと演らんことにはいけません。ですから、やっぱり自由にのびのびとやれる電波関係なしの歌謡ショーなんかの司会は楽しいですね（笑）」

司会者は出演者への気遣いが大切である。浜村淳はいう。

「やっぱり相手を傷つけたり、悪くいったりしないこと、それに前もって打ち合わせをすることが大事ですよね。『全日本有線放送大賞』でも、あらかじめ「こういう質問をしますから、どう答えてくれますか？」って、打ち合わせをして、本番になります。するとまるで違う答えをいう人もいます。びっくりしますね（笑）」

浜村は相手の話をよく聞くほうではある。

「そうなんですよ。ところが人によっては、ものすごく話の長い——いったんしゃべりだしたら、区切りがつくまでしゃべる人がありますからね（笑）」

生放送の司会は難しい。時間との格闘でもある。時間がなくなってきた場合はどうするのであろうか。

「あれね、そうなると録音テープでいうところの早回しの技術ですね。これはね、慣れてないとできないでしょうね。話を急に終点へもっていきますから。「だから、こうなんですね。では、今日はありがとうございました」と。もうこっちで引き取らんと仕方がない。考えてみたら司会というのは、苦労の多い仕事ですよ、ホントに。そのわりには報われない（笑）。まあ、昔、司会といえば、スター歌手の荷物もちやったんです（笑）」

司会者の司会者たる醍醐味というと、複数の出演者を縦横斜十文字に斬ってゆく司会だと聞いたことがある。たとえば、『朝まで生テレビ』（テレビ朝日）のような司会である。

「まあ、そうですね。だから、田原総一朗さんなんかは上手いと思いますねえ。結構、自分の主張も押し出しますし、平気で相手の発言をブッタ斬って止めますしね。あれは人によってさまざまですけれども、私らは途中で相手の話をブッタ斬ることができませんのでね、ええ……」

複数の人数を司会する場合には、次に話をもってゆく人間を司会しながら考えてゆくのであろうか。

「それは、やっぱりあらかじめその人の持ち味みたいなものを見ていてね、この人はピントはずれの答えをする人やな、この人は的確な答えをする人やな、というのはだいたい分かるやないですか」

それを思い、適時相手に話をもってゆく。時間の配分は勘だという。長年の間に体内時計ができている。

「ただ、やっぱり（体内時計ができるには）一〇年はかかるのと違いますか。演歌の司会でも、イントロ内にしゃべりを収めて歌手に手渡すというのは、これ、結局勘ですね」

結婚式の司会術

「幾億の星なる夫婦《めおと》星。世界一六六カ国五七億人が住んでおります、この地球上で、本日、男一人女一人選ばれまして、ここに夫婦《めおと》の縁《えにし》を結びます。これすなわち神様の思し召しでございます」

浜村淳の話術は、結婚式の司会でも光る。気をつけるのは打ち合わせであるという。新郎新婦の馴れ初めや、二人の生い立ちの中での印象的なエピソード等、打ち合わせ時にできるかぎりの話を引き出し、浜村はそれをプールしておく。それらのエピソードを本番では折にふれて、小出しに披露してゆく——。

結婚式の演出は、司会者・浜村の自作自演である。

「新郎新婦が恋愛結婚の場合は、二人揃ってのエピソードが多いですね。見合い結婚の場合は、一人ひとり別々のエピソードです。この場合は、やっぱりちょっとしんどいですね。ですから新郎も知らなかった新婦のエピソード、新婦も知らなかった新郎のエピソードなどをおしゃべりします」

その場、その場の雰囲気で浜村はさまざまな話を語ってゆく。「ハリネズミの夫婦は寒いからといって、身体を寄せ合うと相手を刺して傷つけてしまう。といってお互い離れすぎてしまっても寒い。夫婦の仲はちょうどハリネズミの夫婦がハリで相手を刺さない距離がいいんじゃないでしょうか」という挿話もそのひとつである。

結婚式は、「泣かせ」の語りがいいという。ハイライトは、新郎新婦から両親へ向けての手紙の朗読である。

「手紙さえ、あらかじめ預かっておけばですね、（演りやすい）……手紙は、必ずしも書かれているとおりに読まないこともありますよね。あれは一種のショウですからね。盛り上がれば盛り上がるほどいいわけですから」

浜村が朗読するバックには感動的な音楽も流れている。ときには、手紙には書かれていないことも浜村は語ってゆく――。

「覚えています、お母さん。木枯らし吹いてる寒い夜、風邪をひいてる私を抱いて、病院探して走ってくれた、あなたの胸の温もりを。あれは三つの冬でした」

司会の醍醐味とは何であろうか？

「結婚式でも、歌謡ショウでも、何でもそうですが演っているうちは目立たない。ところが司会者の思うがままに出演者もお客さんも引っ張っている。そして、終わってから「ああ、今日の司会はよかったなあ」っていわれるようなことができたときは、ホント楽しいですね」

笑いを先にもってきてから、涙をあとにする。催しものの語りには、そういう配分が必要だと浜村淳はいう。

『一年一組せんせいあのね』（理論社）という本がある。小学一年生の作文集。神戸の小学校教諭であった鹿島和夫の編である。

「鹿島和夫先生って、ぼくと同い年なんですが、一年一組の担任を頼まれたときに自分と生徒があまりにも年齢が違いすぎているというんで「あのね帳」という帳面を「何でも感じたことを書きなさい。先生が赤インクで返事を書きますから」といって一冊ずつ配ったら、一年生坊主が書いてきた。一行しか書かん子から、中には何ページにもわたって書いてくる子もいる。鹿島先生は「これは自分だけで楽しんでいるのではもったいない」と思って、本にしたら売れたんで、続編まで出ました」

浜村は、番組に鹿島が出演した際に、これらの作品の使用許可を求めた。鹿島からは「大いに使ってくれ！」という返事である。

浜村は講演を頼まれると、鹿島が「あのね帳」を始めたエピソードを語り、作品を二、三紹介する。「おじいちゃん　はげちゃびんやのに　おふろに　しゃんぷうもっていく」（くいもとなおこ）、「おとうさんは　こめやなのに　あさパンをたべる」（おおたに　まさひろ）などである。

「これらは一行の作品ですよね。もっと長いものもあるんです。で、それをお話ししたらもう場内爆笑ですね。そのあとに紹介するのが〈あおやま　たかし〉という子が書いた「ぼくだけ　ほっとかれたんや」という、これは泣かせる作品です。こらもう（お客さんのほうは）ダメ（泣かはります）ですね。笑いのあとに泣かせをもってくる。しゃべりにはそういう配分が必要です。ところが会社などの催しは、素人の総務課長さんなんかが、そういうことがまったく分からずに式次第を組み立てられるから、順序が随分逆になることがありますね（笑）」

しゃべりには、聴かせるだけの方程式がいる。「でもね——」と浜村はいう。

「まあ、いろんな理屈はいいますが、究極は行き当たりばったりなもんです（笑）。噺家さんでも同じネタでバカに受ける日もあれば、受けない日もある。パーティの司会なんて一回きりのもんでしょ。寄席みたいに一〇日もやらない。だから、もうその場その場で臨機応変に処理してゆくというのが、これがもう正直なお話です（笑）」

話芸と年齢

話芸というものは、年齢とともに変化をしてゆくものなのであろうか。浜村淳に問うてみる。

「やっぱりしゃべりも年齢とともに変わっては来ます。若いころはね、「早《は》よしゃべれ」といわれたら、機関銃みたいにしゃべれたもんですけどね、今はダメですね。テンポが落ちました」

そこは技で補っていく。

「そうですね、やっぱりわざとゆっくり、くどく、分かりやすくしゃべることで、反対にそれ（内容）を強調するわけですね」

浜村は、しゃべるときの息継ぎは、できるだけ聞き手には気づかれないようにしたいという。

「一時ね、私のしゃべりは非常にセンテンスが長かったことがありました。それはそれで受けることは受けたんですけれども、最近、それをやろうとしてもだんだんと難しくなってきたんですね」

時代もあろう。また、年齢的なこともある。

「でも、聞いてる人にいかに楽しく分かりやすく受け止めてもらえるかということに、やっぱり苦労しますね。万人に聞かれることですから、独りよがりであってもいけない。自分一人で納得して毒舌を吐いているのではないので、「私はこういうふうに考えます。根拠はこういうことです。で、皆さんはどう思われますか？」というふうにもってゆくようにしています」

話術の先達＝西条凡児はそれを「公憤」といった。浜村淳の芸の根幹をなす〝分かりやすく〟〝くどく〟〝丁寧に〟そして情に訴える節ある話術は、日本人のＤＮＡが本来好む浪花節の話術の影を思わせる。

「今、浪花節を聞かんようになったでしょ。あれ、大事なもんやと思うんですよ」

上岡龍太郎は山下達郎の歌に浪花節の影響があると指摘した。浜村話術の全体は、浪花節――そしてそれに続く演歌そのものであるかのようである。

「演者一人ひとりに節があって、タンカがあってね、そして思わせぶりなセリフがある。日本人のDNAの中には浪花節を好む要素が入っていると思います。そういう意味でもやっぱり今の若い芸人さんに浪曲は聴いてもらいたい」

ひとつの話芸を完成させるには、さまざまな芸の要素が混ざり合って、経験を経て、ひとつのオリジナルな芸が誕生するわけである。

「その芸の裏側には、こんなものがチラつく、こんなものの影響がある。いろんな細かいものが飛び散って、それがひとつに凝縮されたところにオリジナルなものがあるんじゃないでしょうか」

*

昭和三四(一九五九)年、ジャズ喫茶「ナンバ一番」出演中の浜村淳に高校三年の青年が会いにきた。彼はジャズ喫茶に通い詰めていて、京都・ベラミでは高校生ながら司会の勉強もしている。浜村も以前、一度人から紹介されたことがある。

青年は「浜村さんの弟子にしていただきたいんですが…」といった。浜村は「とりあえず大学を受けてみてごらん。落ちたらまたいらっしゃい」と答えた。

翌年の三月、再び青年が「大学をすべりました！」と訪ねてきた。浜村が疑いの目で「ホンマに受けたか？」と訊ねると「ホンマに受けました」という。さらに「ホンマにすべったんか？」と念を押すと「本気で考えてください」といわれた。浜村は「私はまだ弟子をとるような身分ではないから」と、青年を「ナンバ一番」の支配人に紹介し、彼は何回かの手見せ（オーディション）の末に田川元祥とリズムワゴンボーイの司会者として正式に採用される。この青年がのちの上岡龍太郎である。

彼の初舞台は昭和三五（一九六〇）年三月二一日、京都・弥栄会館での「守屋浩ショー」であった。現在は芸能界を引退して久しい上岡龍太郎の話芸について浜村は「ぼくはやっぱり上岡君の話芸には講釈の呼吸が生きているように思いますね」と話す。上岡は一時、三代目旭堂南陵家で講談を勉強していた時期がある。彼の芸の根底には講釈の芸流があるという指摘である。

余談であるが、では、浜村淳の話術の根底はというと浪花節の方程式が我流ではあるが見え隠れする。さらに先人＝西条凡児の話芸はといえば、落語の呼吸が根底にあるのは間違いない。まして凡児は五代目笑福亭松鶴から直接落語を習っているのである。

関西の近代的話術者の話芸の根底には、凡児＝落語、浜村＝浪花節、上岡＝講談といった三通りの芸脈が流れているのが面白い。

さらに浜村は上岡話術について、「それから彼は誤解を恐れずに物事をズバッと斬り込んでいいますね。あれはなかなか難しい芸なんです。そら、物議を醸すこともあったでしょうけれどもね……」という。上岡話術では、理論武装されたその団子理屈が、語るうちに道理と合わないことが判明して（わざとではあるが……）、笑いを誘うテクニックがしばしばある。そのスタイルについても、浜村は「あれは大した話術ですよ」と評価している。

＊

西条凡児は、上岡龍太郎の出演するテレビ番組を見ながら「この上岡龍太郎というのは他とは少し違うんや。これから必ず伸びる」とよく家族に語っていた。

凡児としては、自分の芸脈が上岡に受け継がれていると認識していたのであろう。知性と毒舌。そして社会を斬る目。なによりも一人芸であるというところが自分と似ている。上岡は凡児から直接そういわれたこともある。

上岡龍太郎が世間的に認識されたのは、横山ノックをリーダーとする漫画トリオに横山パンチとして参加していた時代である。ノック・フック・パンチの三人組のトリオ漫才・漫画トリオは「パンパカパ〜ン！　今週のハイライト」というショート・ショートのネタでも知られるように社会風刺を漫才の題材としていた。

テレビの寄席番組で漫画トリオと出番が一緒になった凡児は、パンチに「新聞を読みなはれや」とアドバイスをしている。「もちろん読んでるとは思うけれども、面白いことを書いてる新聞や週刊誌はネタにはならん」ともいった。上岡はこう話す。

「つまり『週刊朝日』やとか、『サンデー毎日』みたいなああいうほうがネタになると。『アサヒ芸能』のような「誰かがネタにして面白いことを書いたもんなんかは読まんでよろしい。とにかく堅いものを読みなさい」と、漫画トリオの〈今週のハイライト〉作りのときにいわれた記憶があるんやけどもね」

漫画トリオが活躍していた時代は、凡児は社会風刺漫談家として一世を風靡していた。同じ社会ネタを扱っていたとしても漫画トリオのネタ構成とは芸風が重ならなかった。やがて凡児が漫談家としての活動を終えたころから、上岡龍太郎は社会風刺的な問題をネタにする一人芸的な活動に転じた。凡児としては、余計に自身の芸脈を継ぐ男と目したことであろう。期待もした。昭和四九（一九七四）年一〇月から一年間放送されたプロ・アマの演芸人が審査員相手に芸の手見せをする番組『凡児のお手並み拝見』（関西テレビ）には、上岡はたびたび出演。漫談芸を披露した。司会の凡児から上岡は声をかけられた。

「「自分も漫才をやってて、一人になって社会風刺をやっている」。個人的に感じたのは、ぼくにはものすごく好意的で、優しくて。直接の言葉はなくとも空気で「それでいいよォ」という目を感じていた」
関西に於ける上岡龍太郎の位置は明らかに西条凡児の後継者である――。

第三部　上岡龍太郎の話芸

上岡龍太郎の引退

上岡龍太郎が引退したのは、平成一二年四月のことである。西暦に直すと二〇〇〇年の四月、芸能界から去った――。

もともとは三月に辞めるつもりであった。前章の最後にもふれたが上岡の初舞台は、昭和三五（一九六〇）年三月二一日、京都・弥栄会館「守屋浩ショー」である。ちょうど芸能生活四〇周年を迎える月が引退に相応しいと上岡は考えていた。ところが大阪・松竹座から四月一日―二五日までの四月公演を『上岡龍太郎引退記念　かわら版 忠臣蔵』（作＝米田亘、演出＝中畑八郎）として開催したいとの申し出があったから引退が延びた。一タレントの引退興行が、また話術家の引退公演が一カ月にもわたって大阪の檜舞台である道頓堀の芝居小屋で開催されるのは異例のことである。

もともと『かわら版 忠臣蔵』は、平成一一（一九九九）年六月三日―二七日まで京都・南座で公演されたお芝居の再演である。上岡はかねてから憧れの大石内蔵助役を演じ、これまでも上岡とは商業演劇をともにしていた桂米朝一門の面々が競演している。初演では出演していなかった桂南光は、今回新たな役が書き加えられての加入である。

芝居終演後、上岡は出演衣装のままで客席へ向かい引退口上を述べた。「私が、上岡龍太郎です」といつも冒頭でいうフレーズ、観劇への感謝を語ってから、「一段高い舞台の上からではございますが、心は下座に下がりまして、ひと言ご挨拶申し上げます。この度、私、四〇年にわたる芸能生活に終止符をうち、引退を決意、表明をいたしましたところ、誰一人止めるものがなく、とうとうホンマに引退をせざるを得ない状況に陥ってしまいました。思い返してみますれば、昭和三五年、この世界に足を踏み入れてから、この四〇年間、なんの苦労もなく、楽しいだけの四〇年でした。素晴らしい人たちに囲まれての幸せいっぱいの四〇年でした。そのうえ、身に余るこのような引退の花道の舞台を作っていただき、もう思い残すことはございません」といい、さらに上岡は「正しく大石内蔵助の辞世の句〝あら楽し 思ひは晴るる 身は捨つる 浮世の月に かかる雲なし〟の心境でございます」とつけ加えた。

右記の口上、公演当初はなかった。共演者の桂南光や桂雀々らの勧めによって、公演五日目あたりから行われるようになった。

大阪・松竹座『上岡龍太郎引退記念　かわら版 忠臣蔵』の千秋楽（平成一二年四月二五日）には、会場は関係者であふれた。

終演後のカーテンコールには、桂米朝が紋付羽織袴姿で出演者ともども舞台上に居並んだ。

終演後のテレビ局の密着取材の中で、上岡は「これでもうホンマに引退せな、しゃーなくなってもうた。ウソやのにィ……冗談や……米朝師匠まで来たらいかんわ……」と一人言のように答え、リップサービスで照れを隠していた。

さて、原点に立ち返ると——なぜ、上岡龍太郎はあの時点で引退を考えたのであろうか？ということである。タレントとして体力気力も十分であった。非人情的な関西の放送界は、引退表明とともに上岡のライフワークともいうべき長寿番組が、その引退を待たずして次々と放送を終了している。

上岡引退後、放送作家の新野新が、ある新聞社の求めに応じて、〈上岡引退〉の感慨を記している（この文章は結局、新聞紙上では発表されなかった）。抜粋して紹介する。

〈何故、上岡が引退を決意したか。種々取り沙汰されたが、ぼくは彼のコメントの中で〈伝統芸でないものは、これ以上拠り処がない〉という言葉を素直に受け取る。深い絶望感があったと思う。タレントとしては人気は充分にあったのにもかかわらずだ。大体、上岡龍太郎はきちんと賞められた事がない〉。東京で活躍する話術家の先駆者・徳川夢声の仕事は評価され、マスコミからは〝文化人〟として丁重に扱われたこと、それに比べて上岡は関西では一つの頂点を極め、東京の放送界でも活躍したが評価を受けていないことを紹介し、さらに〈TVのバラエティ話術とは別に、上岡は小さな会場やホールで〈話芸〉をかなり披露し続けて来た。それらは評価されるべき〈話芸〉であった。が大阪のペーパーマスコミは、人気者だから記事にはするが、それ以上の論評はなかったし、発言力をもつ有識者の推賞もなかった〉〈上岡龍太郎を、きちんと評価しなかった大阪、東京のマスコミ、そしていわゆる有識者が、彼を引退に追いやったのだと云える〉と記す。

優れた文化論である。失礼ながら、（柔らかい文章が得意な）新野新氏（〝氏〟がついているのは敬意を払っている！）としては珍しく理論的な文章でもある。

しかし、私の知る上岡龍太郎は、そんな軟な人物では決してない。

上岡龍太郎が芸能界を引退して、早いもので一八年の月日が流れた。どうして上岡は引退してしまったのであろうか？　引退について問うてみた。

――上岡さんがどうして引退されたのか？　これにはいろんな要素が重なったと考えているんですが。

上岡　なんでやろうねェ？　今となってはもう自分でも理由が分かれへんねんね。

――奥様に「辞めたほうがええ時期がきたらいうてな」といったら、「今！」といわれたとか。

上岡　そうそう。それは事実なんですよ。「今」っていうのは洒落にしてもね。ある役者さんがね、見てたら入歯やったんですよ。それで滑舌が悪い。舞台でちょっとしたナレーションみたいなものを演った。これが聞いてられん。入歯がカタカタと当たる音が聞こえてきたり、いえない発音があって、これが耳にさわる。本人は気がついているのか、ついていないのか。これは周りの人――たとえば奥さんであるとか身内のもんが止めなあかんやろうと。マネージャーはそれでも働かせたいと思うやろうしね。あのころはよくそんな人が目についた。それで、「誰か止めたげェな。そら本人はやりたいやろけどなあ。出たらいかんで」と思た。

だから、うちのやつに「ぼくにこんなときがきたらいうてや」というと「今！」。えッ、今かえ……（笑）。

もうひとつは、場所は東京の新宿アイランドホールやったかな。たまたま控え室で着替えをしてたときにフッと人の後頭部が見えた。「え？　誰、あのおじいちゃん誰やの？」と思たら鏡に映る自分やった。「あれがぼくか？　年寄りや、ぼくはもうこんなおじいさんか？」と思った。人のことは分かるけども、自分も似たようなもんやないかというね。

それからもうひとつ。新幹線の中で若手タレントの二人が、ぼくに挨拶に来てくれた。その日、東京へ行って、明くる日に彼ら同じ番組に出演するようになってたのかな。「明日よろしくお願いします」というんで「ああ、明日ね……こちらこそよろしく」というたとたん、次の言葉がない。ぼくも彼らとする話がないし、向こうも何かいわないかんねやろうけどもいうことがないという状態。で、仕方なく「あ〜、ほんならよろしく」と別れた。

あ〜ッ！と思った。ぼくも若いころに、やっぱりそういう立場の大物のタレントがいてたんですよ。で、空気が重かった。

でね、ぼくらが若いころに、売れなくなった昔の大物タレントが自慢話をしててね、「俺ァ、昔ね、誰々が楽屋へ挨拶へ来て……」やとか「昔、こんな車に乗っててな……」とか「俺はハワイに……」っていいはんねん。「いや、あの、先生もう分かってます。そんなことをおっしゃらなくても、あなたが大物やということは十分知っているんで、何も、そんなに自慢されなくても……いえばいうほど、値打ちを下げはんのになあ。ああ、そうか、ぼくらが知らんと思て大物だよっていうてはんねやろか」というのがあって、それがものすごく嫌やった。だから、ぼくもひょっとしたらそんな存在になってきたのかなあと思た。彼らにとっては、いてても、重いだけやしというね――。

ただね、藤田まことさんがいうてはったんやけども、この頃、テレビのバラエティがダメになったのは仲よしだけでやってるからだと。確かに藤田さんは『てなもんや三度笠』（朝日放送テレビ）をやってはったときには、（柳家）金語楼や伴淳（三郎）なんかが来るわけでしょ。歌手でも三波（春夫）だ、村田（英雄）だ、という自分より大看板がズラ――ッときて、自分は主役やねんけども頭を下げないかん。で、役のうえでは「こらッ！」といわないかんと。ものすごくしんどかったと思う。だから、やっぱりしんどいことをせなあかんというてはんねんね。で、今はみんな仲のええもんだけが出て、お互い笑うて終わってしまう。あ〜、なるほどなあ。しんどいことをしんどい人とやらないかんと。

ただ今はもうぼくには出番はないやろなあと思う。出ても彼らがしんどい思いをするだけでね。

たとえば、ぼくが坂田利夫とか横山ノックやったら、まだ出る場所があったと思うんですよ。「そんなことも知りまへんのか！」「知らんねん！」。

バラエティでボケのおじいちゃんは可愛がられる。けど、それはぼくのニンではない。出たら文句のひとつもいうやろうしね。ぼくらみたいなタイプが出て行っても、ただもううっとおしいだけでね、笑いにはならんと思うんですよ。

横山ノックへの弔辞

世間における上岡龍太郎の比較的新しい話術の記憶は、平成一九（二〇〇二）年六月七日、大阪・リーガロイヤルホテル「光琳の間」で行われた「横山ノックを天国へ送る会」での献杯における弔辞であろう。

弔辞を話術と捉えるか――むろんここで記す場合は話術と捉えて書きつづるのだが――このときの上岡龍太郎は、愛情あふれる言葉の数々をゆっくり丁寧に、しかも一定のリズムをもって語りかけている。

注目すべきはその内容である。上岡の横山ノックその人への個人的な想い、そしてその経歴、さらに感謝の言葉で締めくくる。上岡のその語りがすすむにつれて一〇〇〇人を超える参列者から、ほのかな笑いまで醸し出された。上岡を笑いの世界に誘った笑いの師でもあり、そして生涯における最高の相手役でもあった横山ノックに対する個人的な心情と話術が合致した――それは文学であった。このときの語りはいずれ伝説にもなろう。

横山ノックが亡くなった五月三日から、上岡は報道陣に対して一切の発言をシャットアウトしてきた。それだけに会場には多くの報道陣が押し寄せた。上岡は、漫画トリオ時代の芸名・横山パンチとして、ノックに語りだした――。


ノックさん、あなたは――ぼくの太陽でした。あなたの熱と光のおかげで、ぼくは育ちました。あなたの温かさと明るさに包まれて生きてきました。ノックさん、あなたはみんなの太陽でした。あなたが現れるだけで、その輪がパッと明るくなりました。あなたが笑顔を見せるだけで、みんな心が癒やされました。ノックさん、あなたは大きな太陽でした。あなたの前に立つと、自分がいかに些細なことにこだわり、つまらないことに悩み、とるに足らないことで人と争っているか、自分自身の小ささを思い知らされました。ノックさん、あなたは今、西の空を真っ赤に染めて、水平線の向こうに沈んでいこうとしています。でも、ぼくの胸の中には今も、真夏の太陽のようなあなたがギラギラと輝いています。

あなたと初めて会った昭和三五年――一九六〇年八月五日から、最後となった平成一八年――二〇〇六年四月四日までの思い出の数々が、まるで宝石のようにキラキラと胸いっぱいに詰まっています。六甲のベースキャンプ、ハウスボーイ時代にはサミーと呼ばれ、宝塚新芸座では三田久と名のり、秋田Kスケから横山ノック、漫画トリオになったノックさん。

初めて買ったブルーバード・ファンシーデラックスが盗まれ、セドリックからアルファロメオ・ジュリアスプリントベローチェ、運転手つきのダッチダートに乗り換えたノックさん。我孫子町から沢ノ町、西宮北口から千里津雲台、桃山台の豪邸から芦屋に移り住んだノックさん。漫才師から参議院議員、大阪府知事から最後は被告人にまでなったノックさん。相方や、車や、住まいや、肩書はコロコロと変えたけど、奥さんだけは生涯変えなかったノックさん。血の滴るようなティーボーンステーキが大好き。餡ころ餅や大福餅といった甘いもんが大好きで、何より麻雀が大好きだったノックさん。女性が大好きだったノックさん。料理を作るのが上手かったノックさん。麻雀は下手くそだったノックさん。女性を口説くのが上手かったノックさん。お酒は弱かったノックさん。麻雀も弱かったノックさん。女性にも弱かったノックさん。マーロン・ブランド扮するナポレオンの髪型を真似してピンカールしていたノックさん。あの頭で一〇日に一回散髪に行ってたお洒落なノックさん。進駐軍仕込みの英語が堪能だったノックさん。そのくせカタカナは苦手だったノックさん。人を笑わせせんのに自分は泣き虫で、賑やかなことが好きな寂しがり屋で、有難迷惑なほど世話好きで、ああ見えて意外に人見知りで、甘えん坊で、頑固で、意地っ張りで、負けず嫌いで、天真爛漫で、子どもっぽくて、可愛くて、そして……いつでも……どんなときでも、必ず、ぼくの味方をしてくれたノックさん……。

ノックさん！　本当にありがとうございました。ノックさん！　本当にお疲れさまでした。そして、ノックさん、本当にさようなら……。

芸人を送るのに涙は似つかわしくありません。どうか不世出の大ボケ・横山ノックを精一杯の笑顔と拍手で天国に送ってやってください——。ノックさんに献杯！

このときの上岡の語りは、井原西鶴から織田作之助にまで見られる物事を饒舌に列挙して語るという大阪文学の特徴までも垣間見えた——。

漫画トリオの時代

上岡龍太郎は、本名を小林龍太郎という。昭和一七（一九四二）年三月二〇日、京都市に生まれている。

父・上岡為太郎は、清貧の弁護士であった。為太郎は、母・小林タマとの婚姻に際し養子縁組をしている。だから本名は、小林龍太郎なのである。芸名だけでも父親の苗字を継いだ。

上岡の話術の才能は、すでに中学生のころから目立っていた。

「一時間の授業の四五分間を全部ぼくが朗読して「はい、終わり！」というときもあった。（本を）パッと渡されたらスッと読むのが好きでしたね。同級生で読めんやつがおったら、なんで読めんねやろうと不思議やったことがあるんですよ」

京都外国語大学付属京都西高校に入学した時代は、世間はロカビリー・ブームであった。上岡はジャズ喫茶へ出入りするうちに司会者の勉強をするようになる。場所は、浜村淳と同じく京都のベラミである。本当は歌手になりたかった。高校卒業後は「田川元祥とリズムワゴンボーイズ」の司会者となる。

昭和三五（一九六〇）年八月一二日、横山ノックに会った。ノックは、秋田Oスケ・Kスケ（ノック！）を経て、横山アウトと漫才コンビを組んでいたが、そのコンビも近々解散するという。

新しい相方を探していた。それまでのコンビはノックと同年代。次は若い相手とコンビを組みたいとノックは考えていた。二人で漫才の稽古をした。上岡は語っている。

「最初はノックさんの胸を相手に右手でツッコまされてたんです。「ええかげんにしなさい！」。本気で叩くと痛いからスン止め。そしたらノックさんが「お前、そこで一人でやっとけ！」といわれて、ぼくは壁を相手にツッコミの練習をやったんです（笑）」

マネージャーの鳥居重夫のアイデアで三人漫才を組むことになる。「漫画トリオ」の誕生である。ノック、上岡（横山パンチ）のほかには、轟盛次（漫才師・轟一蝶の息子）が初代横山フックの芸名で参加する。その後は現・青芝フックが二代目横山フックとして参加。

「〽パンパカパ～ン、パンパンパン、パンパカパ～ン！……今週のハイライト！」のかけ声で始まるショート・ショートの時事ネタ。漫画トリオは、当時としては実に新しい漫才であった。横山ノックは、元進駐軍の消防隊出身。しゃべりのリズムやアクションにこだわった。上岡、轟盛次は元バンドマンである。漫画トリオのリズムは、ロカビリー・バンドのリズムでもあった。

横山ノックによれば、漫画トリオ結成に際して、単純明快な活動理論を作ったという。①一人が一回ずつ笑わせれば、三人なら三回以上も笑わせることができる。
②漫才は今まで二人でやるものだった。それを三人でしゃべるためには、二人漫才の一人のセリフを割りゼリフすればよい。

③楽器は使わない。
④コントと間違われるのはいやだから、小道具は一切使わない。
⑤セリフで分かりにくいところはどんどん動きで表現しろ。
〈この根本には、やはり、リズム感とスマートさに対する渇望のようなものがあった〉とノックは書いている。ただ、これらの理論はどうも後づけのような気がしないでもない。

上岡は「ノックさんが進駐軍の消防隊出身やったのでね、動きやとかしゃべりのリズムというものをすごく重要視するということがありました」という。

漫才のセリフもいかにもリズミカル。「お笑い消防署」での標語である。

パンチ「マッチ一本火事のもと！」

フック「小さじに一杯味の素」

パンチ「お前の頭に…」

パンチ・フック「加美乃素！」

言葉尻を、もと！　もと！　もと！でつないでゆく――（＊ちなみに横山フックは若い頃から頭髪が薄かった）。

三人でショート・ショートの時事ネタでつないでいく「今週のハイライト」というネタがある。たとえばこんな具合だ。

ノ・フ・パ「パンパカパ〜ン、パンパンパン、パンパカパ〜ン！　今週のハイライト」
パンチ「海外旅行ブーム！」
フック「いや〜、ぼくのね、この顔どや、黒いでしょ」
パンチ「もう真っ黒に日焼けして」
フック「もう日本を離れて、ハワイでグッと太陽にあたりましてね、太陽焼けですわ」
パンチ「どうりでええ色してると思た」
フック「パンチ君もだいぶ黒いがな」
パンチ「ぼくはヨーロッパへ行ってましてん」
フック「ヨーロッパへ？」
パンチ「本場スイスでスキーやってね、雪焼けで真っ黒け」
フック「雪焼け？　ええ色してるなあ」
フック「あれ？　こちらの方、また…」
パンチ「えらい黒いなあ」
フック「ええ色してますなあ」
パンチ「おたくもどっか行ってはったんですか？」
ノック「いえ、私はインド人です！」

ノ・フ・パ「パンパカパ～ン、パンパンパン、パンパカパ～ン！　ホントにね！」

もはや今日では上演しにくいネタであろう。このショートネタをつないでゆくときには、三人がそれぞれのネタごとに中央のマイクを中心に立ち位置が入れ替わる。

この入れ替わり方も綺麗でスムーズな動きであった――。

漫画トリオの「お笑い消防署」がネタ卸しされたのが、昭和三五年一一月、うめだ花月の下席であった。このときは横山ノックのアイデアで舞台への出は、「クワイ河マーチ」にのって三人で行進した。

「ハップ・トゥー・スリー・フォー、ハップ・トゥー・スリー・フォー……」

舞台を行ったりきたり軍隊調に行進。マイクの前を通りすぎて「いつまでやってんねや！」というようなネタにした。

漫画トリオのマネージャーである鳥居重夫は、ネタに関してもよきアドバイザーでもあった。

「たとえば、「お笑いサイクリング」で、三人がバラバラにただ単純に手で自転車のペダルを漕ぐしぐさをしていたら、「その手を三人揃えたほうが綺麗に見えるで」といってくれる。お客さんの目線で見てもらえると分かりますからね」（上岡龍太郎）

さて、漫画トリオの漫才がいかなるものであったか。その「お笑いサイクリンング」を速記でご紹介してみよう――。立ち位置は、上手＝パンチ、中央＝ノック、下手＝フックである。

「お笑いサイクリング」——漫画トリオ

ノック「人間は足から退化していくというね」
フック「最近はどうしても足を使うことが少なくなってきたからね」
ノック「でも、ただひとつ足を使うスポーツ、あのサイクリング」
パンチ「女の人が耳につけるやつ?」
ノック「アホ!　あれはイヤリング!」
パ・フ「いややったらやめたらええのに!」
ノック「国道筋なんか見てみなさい。老いも若きも一列か二列になって、旗かなんか立てて走ってるでしょ」
フック「自転車旅行」
ノック「よおし、今日は君らを連れて、グルッとその辺を回ってこうか」
パンチ「そやけど、ぼくら自転車もってへんで」
フック「三人で行くんやったら、三台の自転車がいるがな」
ノック「君らはそういうことをいうてるから、時代遅れやていわれるんだよ」

パ・フ「なんでや」
ノック「今は一台で三人乗れる三人乗りの自転車」
パ・フ「三人乗りの自転車？」
ノック「説明したげよう」
パ・フ「お願いします」
ノック「まずここにハンドルがある」
パ・フ「ハンドルがある」
ノック「そして三角の車体」
パ・フ「車体」
ノック「その上にサドル、普通、街を走ってる自転車は、サドルの後ろは荷物台」
パ・フ「荷物台」
ノック「この自転車には荷物台がない」
パ・フ「荷物台ないのん？」
ノック「そのかわり二台目のハンドルがある」
フック「ほな、二台目の車体があってサドル、ハンドルがあって車体があってサドル、ハンドルサドル、ハンドルサドル、ハンドルサドル、ハンドル……」

ノック「こらこらこら、どこまでいくつもりや。まあ、こういうふうにハンドルも三つ」
パンチ「車体も三つ」
フック「サドルも三つ」
ノック「三つのペダルを三人が一致協力して踏めば、よりスピードが出るということや」
パンチ「なるほどなあ！」
フック「これは面白いわ」
ノック「ほな、早速そのあたりをひと回り」
パンチ「男ばっかりでサイクリングに行くよりも、女の子が一人でも入ったほうが」
ノック「女の子おれへんがな」
パンチ「そやから、私が女になってやね……ネッカラ、チーフをちょっとかぶり」
ノック「(三人乗りの自転車。ノックは先頭) ほな、これがぼくのハンドル」
パンチ「これ私のハンドルよ」
フック「これ、ぼくのハンドル」
ノック「ほな、乗ろか」
ノ・フ・パ「よいしょっと！ (フックのみ後ろ向きに乗る) 〽ランランラン、ランラララン、ラララン、ラン…… (三人が両手の拳を胸の前あたりでペダルのようにグルグル回す)」

ノック「ああ〜、快適やなあ（と後ろを向く）。あっ、こら、どっち向いて乗ってんねん！」
フック「こっち向いて乗っとんねんがな」
ノック「こっちて、前と後ろの区別つけへんのか」
フック「そんなもん分かれへん」
パンチ「アホ！（ノックの頭を指さし）ヘッドライトの付いてるほうが前に決まってるがな」
フック「ヘッドライトあったんかいな」
ノック「誰がヘッドライトや！」
パンチ「スイッチをパチッ！　明るいナショナル」
ノック「ええかげんにしなさい！　もういっぺん乗りなおし、元気よくね。よおいしょっ！」
フック「うわーっ！　ソリャーダー、チャムピオン！」
ノック「君、君、また落ちてたキャラメル拾って食ったな」
フック「ノックちゃんが元気よう乗れいうたがな」
ノック「これはその辺の自転車と違うねんで、もっとおしとやかに乗りなさい」
パンチ「おしとやかにね」
ノック「もっと色気をもたして」
パンチ「行くえ——おため、よいしょっと！（女の子の縄跳びのスタイルで乗る）」

ノック「お前足になんか挟んでんのんと違うか」
パンチ「女の子はスカートはいてるから、足を広げられへん」
ノック「何言うとんねん、いっぺん皆さんに訊いてみぃ。サイクリングに行くときは女の子はスラックスを穿いてんの」
フック「ズボン履いてんのん？」
パンチ「ほな広げられるわ（と、足を広げる）」
ノック「広げすぎや！　もうええ、普通に乗りなさい」
パンチ「よいしょっ」
ノック「出発〜っ！　〽ランラランランラン、ラランラン、ランランラランラン……（ノックだけ前のほうへ走る。あとの二人はそのままの位置）……お〜い、前が動いたら、ついてきなさい」
パ・フ「この自転車動くのん？」
ノック「前が動いたら君らも動く、前の動きに合わしなさい！」
パンチ「前に合わすのん」
フック「君に合わしたらええねんな」
ノック「そうや、出発っ！　〽ランララランラン、ランララランラン……（パンチ、フックがノックの身体にピッタリ合わす）……誰がこんなところへ合わせいうた？　もうええ、普通について来なさい。出発っ！　こればっかりや、〽ランランランラン……（三人がバラバラ無茶苦茶に舞台を動き回る）……なんだよ、君らの乗り方は？（と、ノックが二人の乗り真似をする）」
パ・フ「ああ、おもろい、おもろい、タコの手踊り」
ノック「誰がタコや、誰がタコや！」
パ・フ「あんたや！」
ノック「（ピンカールを差して）タコにちょっとでも、毛の生えたタコがあんのんかえ！」
パ・フ「タコ、ワカメ着けて（海から）上がってきた」
パンチ「ええかげんにせえ！　もう君らとサイクリングにはよう行かんわ」

昭和四三（一九六八）年五月三一日、横山ノックの参議院議員選挙出馬の発表によって、漫画トリオは活動を停止した。解散とはひと言もいっていない。上岡龍太郎は漫画トリオの活動をふり返ってこう語る。

「漫画トリオは、ぼくがやりたかったことをやれんままに終わってしまったんですよ。後半は売れてきたことで漫才の練習も、新ネタもできなくなった。やれんでも食っていけたという事実があってね。もっとホンマに三人でしかできない笑いのパターンをやりたかった……」

上岡が今でも好きだというネタは、一切ツッコまない「お笑い喫茶店」、三人でしかできないネタの「お笑いスキー学校」だという。

上岡龍太郎のラジオ芸(1)

漫画トリオの活動休止。いよいよ上岡龍太郎時代に突入する――。

ただ、漫画トリオ時代の芸名・横山パンチから上岡龍太郎への改名と時期を並行して「伊井パンチ」という芸名で活動していた時期があった。銘名は、姓名判断に凝っていた笑芸作家の香川登志緒(のち登枝緒)である。上岡自身は名のりたくなかった。しかし、香川は承知しない。そこで譲歩策をとる。

「つまり「香川先生の仕事のときだけは伊井パンチでやります」というたんですね。ですから厳密には、伊井パンチと上岡龍太郎とダブって出てた時期があるんですね。当時、すでにラジオやなんかは上岡龍太郎でやってたんですよ」

朝日放送ラジオで『みんなの歌謡曲』という月曜―金曜の昼の帯番組を漫画トリオは一曜日を担当していた。

「漫画トリオでラジオをやるときにはですね、いつもアナウンサー的な役割は、ぼくに回ってきてたんですね。例えばコメント読みであるとか、「では、このあとは何々です!」というような、そのアナウンサー的な仕事は全部、ぼくがやってましてね、突然の、その漫画トリオの解散という事態になっても、その流れで、「じゃ、パンチ君はあと一人で番組をやってくれるか」ということになって、で、『みんなの歌謡曲』を続けてたんです。上岡龍太郎で出演しました」

上岡は、初めてのラジオでの一人しゃべりで戸惑いもあったという――。

「あのね、番組をやると相手がアナウンサーであるとか、女性アシスタントということになるんですね。すると最初はね、こっちがネタを相手に振んねやけど、女の子が相づちをうってくれへん。「ふん……」「は〜」て、アシスタントが言わへんわけですわ……(笑)。で、「なんとかで……」というと「なんでやねん!」とかいわんし、こっちが思いっきり、これはネタやぞ〜という感じで、「昔からいうでしょ」「ふん!」とやってもらわな困るのに、黙ってるから、これはアカンなと。つまり、ぼくは一生懸命に漫才をやろうと思ってたわけですよ。それで苦労して、どうしたらええねやろと思いまして、それやったらもう、女の子なんかアテにせんと一人でいうて、一人でネタを落とすしかないなあと思い至りましてね。でね、その見本はね、やっぱりすでに一人でラジオをやってた浜村淳さんでした。あのやり方の反対をやればええんかなと……(笑)」

上岡龍太郎としてのDJのデビューは、昭和四三年一一月四日からラジオ大阪で始まった月曜―土曜までの深夜番組『オーサカ・オールナイト　叫べ！ヤングら』（一四四［一九六九］年五月三日）である。火曜日担当。それまではいわば漫画トリオの残務整理であった。

この番組は、昭和四二年（一九六七）二月六日から放送されていた『オーサカ・オールナイト　夜明けまでご一緒に』を、一部タイトルと出演者をリニューアルしたものである。『夜明けまでご一緒に』は、笑福亭仁鶴が売り出した番組として大阪の芸能史に深く刻まれている。

両番組の担当が、ラジオ大阪の名物ディレクターといわれた中西欣一であった。この中西は、DJとして笑福亭仁鶴や浜村淳を起用、その売り出しに貢献した。

のちにラジオ大阪で上岡のライフワークとなる番組『歌って笑ってドンドコドン』のディレクターであった都筑敏子は以下のように語る。

「中西さんが、上岡さんにはかなり教え込んでいたと思いますよ。私はタレント・上岡龍太郎の形成に中西欣一さんがひと役買っていると見てるんですけどね」

上岡が中西と出会ったのは、漫画トリオ時代である。滋賀県彦根市でラジオ大阪の公開録音があった。そのときに歯が抜けていた中西に対して、上岡は「中西さん、博打する金があったら、歯を入れなはれ！」といった。初対面である。どうやらそのものおじしない姿勢を中西が気に入ったようである。漫才時代の上岡をよく番組に呼んだ。上岡はいう。

「中西さんというのは、すごいディレクターでして、何もしない。ぼくらがラジオでしゃべっているとD卓で文庫本を読んでいるんですよ。それで文庫本を読みながら、ミキサーさんにパッと指で指示を出す。こちらを一瞥ともしない。急にレコードにいったりする。ある日、「あれ、本を読みながら聴いてますの？」「う〜ん、退屈になったらレコードへいくことにしてんねん」。聴いてんねやね。でね、「本が読めるようではアカン」という。「おもろない」というんですわ。それから「ハガキを読む前、何かをする前に〈え〜〉っていうやろ。あの〈え〜〉を一時間の放送で集めたら一〇分ぐらいある。曲が三曲ぐらいかけられる。いっそう〈え〜〉を一〇分いうんやったら面白い」と。よし、もう中西さんの前で絶対に〈え〜〉といわんとこうというのが、ぼくの放送での最初の縛りになりました」

上岡龍太郎は、自らのしゃべり（この場合はラジオであるが）の中に縛りごとを決めた。それは会話の中で〈え〜〉という言葉を発しないということである。ところが、何かをしゃべりだしたり、次にしゃべることを考えると、どうしても〈え〜〉という言葉を用いたくなる。そこで上岡は考える。

とにかく口をついて出てくる言葉をしゃべっていればいいのではないかと。たとえば言い慣れた常套句や和歌俳諧など、昔から言い古されているような言葉の数々をしゃべっている間に、次にしゃべりだす言葉を考えればよい。また、その言葉が難しければ難しいほど、聞き手も考えながら聴くだろうから、こちらにも余分な間をもつことができる。逆にそうなってくると〈え

〜〉という余計な言葉を発しなくて、黙っていても聞き手の興味を惹きつけるはずだと思い至る。そしてその結果として、上岡節ともいえる、あの独特のリズミカルなしゃべりを生みだすことになる――。

「あのときあのまま〈え〜〉を止められてなかったら、普通にダラダラしゃべるしゃべりになってたかなあと。できるだけ語呂よく語呂よくいきたいなあと思てたんですね」（上岡龍太郎）

上岡が本格的な一人しゃべりとして登場した、ラジオ大阪『オーサカ・オールナイト　叫べ！ヤングら』では当然苦労した。

ラジオ大阪は小さな会社である。深夜番組でCM量が少なく、さらには演者でありながら、ディレクター的な仕事も兼ねなければならない。自作自演の要素が大きい。

しゃべりの間には、レコードがかかる。トイレなどで少し休みたいと思えば時間の長い曲をかければよい。当時の長い曲はいまだにタイトルを覚えている。

「あの番組は一人しゃべりの勉強になりました。ぼくのライブでのしゃべりの原点はあの番組ですわ。なんの反応もないところでね。不安なんですよ。深夜の一人しゃべりは。聴いてるのやろか？　いや、聴いてたとしても、面白いと思てんのやろか？　というものすごい不安感がありました。だからどうしても一人でしゃべるときは〈え〜〉というのが入ってしまいがちでしたね。反響は一週間経ってからハガキでくる。ですから『叫べ！ヤングら』は道場の練習みたいでした。それで同じラジオ大阪の『バンザイ歌謡曲』とかの番組は発表会でしたね」

立川談志との出会い

「ぼくが一人しゃべりを始めたときのイメージには、やっぱり立川談志師匠が背広を着られて演るピン高座のイメージがありました。その発言も含めて、ぼくにはその関西版というイメージがものすごくあったんですね」

上岡龍太郎と立川談志の出会いは古い。漫画トリオ時代、初めて東京の寄席に出た。新宿にあった松竹文化演芸場である。一回目の舞台を終えて喫茶店でメンバーとしゃべっていた。そこへ「柳家小ゑんでございます」と男がやってきた。若き日の立川談志であった。談志は「お友だちになりましょう。私は好きな人とはお友だちになるという主義でして……」といった。ときどき漫画トリオの仕事場へやってきては、食事を御馳走したり、人に紹介してくれる。ときには司会までしてくれ、「今から登場する漫画トリオがいかに面白いか」ということをしゃべってくれた。ところが客の態度が悪いと喧嘩をしはじめ、漫画トリオが出て行っても笑いにならないこともあった。

談志も〈上岡龍太郎を家元は昔から弟みたいに可愛がっていた〉とその著書に記している。

ちなみに家元というのは、立川流家元である〈私〉ということである。また、〈上岡をヒイキにしていた理由は頭脳《あたま》がよくて感覚《センス》がよかったから〉とも書く。そしていろいろ書きつづってゆき〈これもまた立川談志とよく似てる〉とする。談志が大阪にくると今度は逆に上岡が顔を出した。仕事が終わると酒の席となる。そして藤本義一や眉村卓、華房良輔というような連中相手に議論をする。途中で「トイレへ行ってくるから龍太郎、あとやっとけ」と席を立つ。

「あの、談志師匠というのは、わざと揉めるような話を相手にぶつけて、話を引っ張り出して、それをもとに議論をするのが好きやから、酔っててもそれをやるわけですよ。無理やり相手の反感を買うようなことをいうてね、相手を怒らして話をするというのが好きでね。それを見てると、ぼくもこんなことがやれたらなと思てたんです」

談志は、なんば花月などへ出演した際には、落語を演らずに背広を着て、立ったまま漫談をしていた。

「ぼくも一人しゃべりで演るときには、まず談志師匠やったらどういうやろうなって、いうところから入っていった。そのほうが自分としての判断が引っ張りやすいと思ったんです」

上岡の芸には、立川談志のスタンダップコメディの影響が大いにある——。

上岡龍太郎のラジオ芸（2）

上岡龍太郎は、昭和四四（一九六九）年四月九日からラジオ大阪『みんなでみんなでリクエスト バンザイ歌謡曲』の水曜日担当に起用された（―昭和五二［一九七七］年三月三〇日まで出演）。

この番組も中西欣一が担当。上岡はＤＪで、レコードからレコードの間をつなげるしゃべりを、レコードとは関係のないしゃべりでつづってゆきたかった。レコードはあくまでもしゃべりのクッションだと考えていた。ところがラジオ局自体はレコードのクッションがしゃべりだと考えているようであった。

上岡がしゃべっていても、中西が面白くないと判断すると自然に曲がかかりだす。するとアシスタントが「さあ、今度は枚方市にお住まいの……」とリクエストハガキを読みだす。当然、上岡は面白くない。中西にクレームをつけても「おもろなかったら切る！」という。上岡も「それやったら、ぼくがおもろいと思たら、なんぼレコードがかかろうとも大声でしゃべりだす！」と宣言した。

番組が始まって八カ月目、アシスタントに板垣晶子が加わった。上岡はこの板垣との掛け合いでコンビしゃべりのリズムができたという。

「中西さんは、どうも板垣晶子を仕込むことによって、ぼくに刺激を与えようとしたような気がするんですよ。何か、彼女と打ち合わせをしたんでしょうね。次の週から何かいうと板垣晶子が突然、「三太夫、槍をもて〜！」っていうんですよ。「なんやねん、それは？」（笑）と。するとですね、何か相手の話を途中で切りたいときには、普通は「もう結構です！」というけども、それもいわれへんし。何か極端なことをいうことによって、話の転換を図ろうと、ブリッジ音楽みたいなつもりで、突然、それをいいだしたんですよね」

ラジオ大阪の都筑敏子によると、上岡の番組に極端に面白いハガキが寄せられるようになったのは『バンザイ歌謡曲』からだという。局で投稿ハガキを整理する女の子が、水曜日宛てに寄せられたハガキはつい読んで、クスクス笑っていたという。

「私は、当時木曜日の担当でしたけども、そんなハガキは来ない」（都筑敏子）

上岡自身は自らの番組に、桂米朝と小松左京が担当していた『題名のない番組』（ラジオ大阪）に寄せられているような知的で高レベルの内容のハガキが寄せられるようにしたいと思っていた——。

かつて、ラジオ大阪『歌って笑ってドンドコドン』にゲスト出演した藤山直美が、番組内でハガキを読む上岡龍太郎に「これは芸ですやん」と驚嘆したことがあった。上岡はいう。

「ぼくはね、昔から初見で字を読むというのが得意でしてね。逆に下読みすると下手になっていくんです。つまったらどうしょう？という余分な気持ちが入るからかな。ですから、パッと渡されて、パッと読むのがいいんです」

上岡のハガキ読みは、芸術的ですらある。天性のものであろう。ラジオ大阪でアナウンサーの体験もある都筑敏子はこう考えている——。

〈声を出して（ハガキを）読むとき目はその2〜3行先を追っている……アナウンサーなどの必須条件ですが、これはかなり天性のもののようです。文字を覚えたばかりの子供でも、すぐに熟読する子と、かなりの間声を出す子がいます。前者は声より目が先行し、後者は目と声が同時進行することになります。上岡さんは前者の典型です。（笑福亭）鶴瓶さんとか（島田）紳助さんは後者のようですね。熟語が仮名で書いてあったり、へんなところで改行されると「エ？なんやて？」みたいな詰まり方をしている時がありますでしょう。目と声が同時進行だからです。目が先行していれば、そのあたりはすでに「解決済み」なのです〉

さらに都筑は、上岡のハガキの読み方の特性は、浜村淳のそれと比べると面白いという。

〈浜村さんにハガキを送った人は、あの「浜村節」の名調子に全てを委ねることに快感を覚えているのです。上岡さんの場合は「そやねん！　それや！　俺はそういう風に言いたかったんや！」と自分が言いたかったことを自分が表現したかった調子で言ってくれたと錯覚するということです。結局は上岡節なのですが……巻き込んでしまうのですね。浜村節に聞き惚れて自分が名文を書いたような気になるか、上岡さんの中に入ってオノレが喋っている気になって

しまうか、距離感の違いがあるように思います。どちらが好きかでファンが分かれるところです〉

句読点でリズムを切って、朗読を流暢に続けてゆく……あの、上岡のハガキ読みのリズムも、幼年期からの芸当であった。

「あれが逆にできない人のほうが不思議でね……それができるからかなあ。金田正一投手が「真ん中へ投げればいいんですよ！」みたいなもんかな（笑）」（上岡龍太郎）

上岡龍太郎は、漫画トリオ活動停止後に『上岡龍太郎のすべて』というPR小冊子を作成。それを全国の放送局へ送付した。

その小冊子を見て、仕事を依頼してきた放送局が一社だけあった。名古屋・CBCである。CBC『ばつぐんジョッキー』（昭和四三［一九六八］年一〇月—昭和六一［一九八六］年三月）のきっかけである。

番組内に「いちゃもんコーナー」というのを作った。上岡が何にでもいちゃもんをつけるという企画である。これがその後の上岡のひとつの方向性を示すことになる。ラジオ大阪の都筑敏子はこう考える。

「上岡さんの毒は名古屋で仕入れたと思うんですよ。中日ドラゴンズの贔屓が強いところで「阪神！　阪神！」といってね。「殺したろか！」といわれる。毒舌というのは、あれは身を守るもんですからね。中日ファンの多い名古屋の地にひとりで立ち向かっていったドン・キーホーテみたいな感じで。強引に物事をもってゆく、そのプロセスを彼は楽しんでいるんです」

上岡は名古屋で阪神タイガースを応援した。番組内では「六甲おろし」を流し、中日ドラゴンズをボロクソにいう。「青い帽子にCDマーク、これをかぶってると脳が腐る。それを直すには黒い帽子に黄色いひさし、マークも粋にTH!」

「それこそね――」と上岡はいう。「最初は「殺す」やの「帰り待っとけ!」やのいっぱいありましたよ。けど、だんだんと「ああ、あいつはあんなやっちゃ」というので、認知されだしたらですね、名古屋というのは反応がすごく緩い。許してまうから」

上岡は、笑芸作家・香川登志緒(登枝緒)に名古屋のラジオのことをしゃべった。

香川は喜んでくれ、「ああ、それはええことや。戦国武将でも大阪城へたどり着くまでにいろんな小さい城を自分のもんにして大きいしてゆく。いきなり江戸城や大阪城なんてゆうのは無理で、小さい城の城主としての経験を積まなあかん。そこでやって昇り詰めなあかん。まあ、昇り詰めんと死んだやつが多いけどな。名古屋へ行ったときは自分が上やと思ってやれ。で、大阪でやるときはサブやから、それが生かせられる」といってくれた。

「名古屋のときは、ぼくはもう自分が城主のつもりでやりました。大阪では番組を任せられても、若いし、そう大きな顔はできない。名古屋ではそれができました」(上岡龍太郎)

『歌って笑ってドンドコドン』

上岡龍太郎　土曜日の、午後二時（一時のときもあった）！

水谷ミミ　ラジオ大阪・ＯＢＣ！

上岡　１３１４khzが、北は国後・択捉から南は沖縄・石垣島、日本列島、全国津々浦々いかなる山間僻地文化果つるところ、寒村離島まで電波を送り届けるという、今や社会的、国民行事的番組と化しました『歌って笑ってドンドコドン』。さあ、今日も皆さんからいただきました各コーナーへの珠玉の如きおハガキの数々…、このハガキの中から果たして〈ドンドコ大賞〉に輝くのは誰か？　〇〇作・構成・演出によります〈ドンドコ・クイズ〉、先週の正解は何か？　今週の問題はいかなるものか？　大いなる期待と興奮と不安を秘めながら四時までの二時間！　悠久何億年という地球の歴史になんか比べェでも、次の番組に比べただけでも、あッ！という間に終わってしまう短時間ではありますが、あなたのお相手を務めてあげます面々は……。

桂雀々　私、桂雀々！

上岡　私、上岡龍太郎！

水谷　私、水谷ミミでお送りいたします――。

番組冒頭のこの上岡のたて弁（立て板に水が如く流れるようなしゃべり）で始まるラジオ大阪『歌って笑ってドンドコドン』（昭和四九［一九七四］年一〇月五日―平成一一［一九九九］年三月二七日）は、上岡龍太郎のラジオ芸の集大成ともいえる番組であった。

「あの番組は私は楽しんだよ」という番組担当の都筑敏子によると「ドンドンサタデー！『歌って笑ってドンドコドン』」という上岡と出演者による録音テープに続いての、上岡の右記のしゃべりが始まると、上岡にはもう怖いものは何もないのだという。

上岡は『ドンドコ――』について、「もう、あれはね、ほんとお金をもらわんでもいいというぐらいね、生活の一部でしたからね」と話している。

芸能活動後半は全国ネット番組の司会者として活躍した上岡だが、彼の最後までのライフワークとなった番組は、この『ドンドコ――』と『ノックは無用』（関西テレビ）であった。都筑はいう。

「『ドンドコ――』もスタート時は、スポンサーとの絡みもあって、コーナーのてんこ盛りだったんですよ。そういうものをちょっとずつ追い出していきました。もちろん営業のほうからは、吊し上げを喰いましたけどね。で、その後の、本格的なハガキ読みを中心とした構成になって来たのは、雀々ちゃんが入って、それからのスタンスです」

ラジオ大阪『歌って笑ってドンドコドン』の前身に『週末です　遊べ半ドン！歌え半ドン！』（昭和四二［一九六七］年二月一一日スタート）という三部構成の番組があった。続いて、昭和四六（一九七一）年九月四日からはタイトルも『歌と競馬中継　遊べ半ドン！どんとこい』と改められて、進行はラジオ大阪のアナウンサー、尾崎千秋と鏡宏一が務めた。

　この番組を中川次夫とともに担当したのが都筑敏子であった。その番組に上岡龍太郎がゲストにきた。上岡はいう。

「ゲストで行ったときは、確か（メインスタジオの）隣の小さなスタジオでインタビューを受けて、というのがありましたですね。そのときやってたのが、尾崎千秋か、鏡宏一やったかな。また、おもろなかったんや、こいつらは。で、すぐに（レギュラーとして）入れてもうたんですよ」

上岡がスタジオに現れたときの様子を都筑はこう覚えている。

「そのときにね、茶色の派手なコートを着て、何か斜に構えて、人を小馬鹿にしてるような感じでいました。で、中川と、あれ、ええでということで。まもなく上岡さんをメインのパーソナリティに起用しました」

昭和四七（一九七二）年四月一日から番組進行は、上岡と鏡宏一に変更された。

「内容のシャープさは感じましたね。そら、局のアナウンサーでは太刀打ちできない。ですが、

まだ、当時は穏やかに進行してましたよ」（都筑敏子）

その後、番組には、ウィルフ・ウェイクリーや池田幸路が加わる。翌、昭和四八（一九七三）年一〇月六日からはタイトルも『あっちゃこっちゃえらいこっちゃ』に変わり、出演者も上岡のほかは、森乃福郎（初代）、清水良子に変更。その後、笑福亭鶴瓶も加わったが、昭和四九（一九七四）年九月二八日に番組は終了。一〇月四日からの『歌って笑ってドンドコドン』に引き継がれる。出演は、上岡龍太郎、横山ノック、中西ふみ子である。上岡はいう。

「最初のころはコーナーとかいっぱいあった。競馬の中継も入ってたし。ただ、長いだけの番組でね。そやから、それを都筑さんがどかせてくれたんやろうね。ぼくらは、いつしゃべんねんというようなときもあったんですね。番組のベースができたのは、雀々君が入ってでしょうね。ノックさんが最初はいてまして、そのあとキャッシーとぼくとお文さん（中西ふみ子）とやったころもある。ノックさんはよくスタジオで寝てましたよ（笑）」

『歌って笑ってドンドコドン』（ラジオ大阪）で、上岡龍太郎が流麗にしゃべる冒頭の決まり文句の中に〈今日も皆さんからいただきました各コーナーへの珠玉の如きおハガキの数々……〉というセリフがある。

『ドンドコ――』という番組は、リスナーハガキが命でもあった。彼らはドンドコリスナーと呼ばれ、番組ディレクターの都筑敏子によれば、ハガキを寄せてくるリスナーは「私の宝」

だという。この番組に関しては、都筑はリスナーの見学を自由に許している。上岡龍太郎もいう。

「ぼくはリスナーの作品が好きでね。たとえばプロの作家に毎日こんなんを書け！というたら絶対に書かれへん。でも、彼らは何週にいっぺんかはプロをしのぐほどのもんを書いてくるんですよね」

上岡はこの番組で一般人の教養の深さというものを思い知ったという。それぞれのあらゆる分野に造詣の深い人たちがいることを知った。

「ですから、そういう一般人の博識をここへ集結したら面白いやろうなあという気持ちがありました」

落語のパロディなどはお手のものである。ある男の肩に弁慶のこぶができて大騒動となる『こぶ弁慶』という上方落語がある。これのパロディで『こぶ上龍』という作品が送られてきた。浜村淳の肩に上岡のこぶができて、そのこぶがいちいち浜村に文句をつける。上岡は浜村のモノマネを交えて、嬉々としてハガキを読んだ。リスナーのレベルは高いが、マニアックな面もやはり否めない。

「ある人が『ドンドコ』を評してね、「バスを待っているときにあんまり陽が照りつけるので、そばの喫茶店へ入ってみたけど、客はいっぱいやねんけど、全員が常連客で話には加わりたいけども、ソォ〜とこっちの隅で聴いていているような」とかね、「隣の部屋の内緒話を聞いているような番組や」とかいわれました」

都筑敏子はこう考えている。

「上岡さんは、放送を聴いているリスナーをスタジオへ引っ張りこむんです。普通のことをしゃべっていても「おい、お前！」といわれたら聴いているほうは自分にいわれたと思う。そういう世界をもっていたような気がします。議論の場に皆を引きずり込む。椅子に座っていた人が、思わず前のめりになって聴いているような放送でした」

『歌って笑ってドンドコドン』は、ラジオ大阪が大阪市港区弁天町に移転されるまでは土曜日の午後一時からの放送であった。

上岡龍太郎は、トーク番組『ノックは無用』（午後一二時―一二時五四分）の生放送を終えて、北区西天満にあった関西テレビから北区梅田の桜橋にあるラジオ大阪まで車で滑り込んでくる。番組から番組へ。当然、昼食を摂る時間もない。で、番組内に前代未聞の「ランチタイムのコーナー」という時間が設けられた。上岡はスタジオ横の技術室で食事をとる。番組ディレクターの都筑敏子はいう。

「あれはね、「腹が減った！」というから「それやったら食べェな」というてできたんですね。もうそのころには（文句をいってくる我が社の）営業も諦めていました」

上岡はラジオの放送を通して出前を注文したりもした。

「そしたらホンマにもって来るんです（笑）。最初のうちはですね、ラジオを聴いている人はどうなんかなとすごく気にしてやってましたけど、そのうちもう『ドンドコ』に関しては、まったく気にせェへんかったですね」

「ランチタイムのコーナー」では、いろいろとハプニングもあった。『月刊プレイボーイ』の密着取材事件。桂雀々の話である。

「上岡さんと近所の四國屋のうどんを食べていたんです。そこをカメラマンがパチパチと撮った。ぼくも「うるさいですなあ」というた。「ホンマそやろ？　こうやって連写してるようやけど、こんなもんプロのカメラマンなれば、これが決定的な瞬間だという一枚をパチッと撮るもんやろ？」と、何気なく上岡さんもいうてるわけですよ。それでも撮る。そうしたら「こんだけ遠巻きにいうても分からんか！　カメラをちょっと貸せ！　こんな口から入れてるということは、便所でうんこしてるのと同じじゃ！　まだ、パチパチ撮ってる。ちょっと貸せ！」。フィルムをカメラから引き出して「失礼な、帰れ！」っていうて、すごい罵声。それも漢字が多い。大きな声で。それも生放送中でしょ。ぼくは、「今、上岡龍太郎が『プレイボーイ』のカメラマンに切れております。すごい！　今、実況します。おっとあぶない、カメラのフィルムが……」っていうてね（笑）。占い師に切れたこともありましたで。このときも実況しました」

上岡龍太郎のスタンダップコメディ

ピン芸としての上岡龍太郎の話芸は、かつての演芸区分で考えると漫談という部類に入る。スタンダップコメディというやつである。

上岡の話術者としての出発点がラジオ芸であったように、漫談家としての芸そのものもラジオ芸の構築のうえに存在している。そもそも上岡話芸の基本でもあるあの独特のしゃべりのリズムは、バンド司会者としての経験から得られたロカビリーのリズムであり、さらにそれを漫画トリオ時代にスピィーディでリズミカルなステージ芸として磨きをかけた。一人芸になってからは、それまでのリズムとは一見相反するような子ども時代からの父親の影響で慣れ親しんだ漢語調のリズムも加わってくる。

そしてラジオ番組での数多い実験と試行錯誤で得た、舌鋒鋭く、常套句や四文字熟語に、ことわざ、和歌・俳諧といった言葉を駆使し、自らが語るその物事を、さまざま強引に団子理屈をこねては自らが立てた仮説を立証しようとする芸に至った。ご愛嬌としては、その理論には少しの矛盾点がつけ加えられている。すなわち、その矛盾をさらに無理から誤魔化していい通すところに愛嬌があり、そこに笑いが生まれ、上岡独自の話芸となっていた。さらに上岡のブレーンである加藤吉次郎がいう。

「師匠には猛烈な引き出しがあるということです。世間は誤魔化されて全部がアドリブだと思っていますが、少なくともぼくが師匠の後半の舞台を見ているかぎりアドリブというのはほとんどない。常にあちこちの引き出しから出してくる。それが無茶苦茶に上手い。また、その整理能力が高い。アドリブに見せようとするのではなく、見えてしまう。何でも知っているように見えるんですが、そうではなく、師匠の得意なところへ話をもっていっているんです」

上岡龍太郎も同じ分析である。

「自分の好きなところへ話を無理やりもってくるというのはありますね。結局ね、アドリブというけれども、ホンマのアドリブなんていうのはないでしょうね。「このフレーズは使えるな」と思ってそれを置いておくというのがものすごく多い。「こんなことが起こったら、ここでこういうたらいけるな」というね。それを使うチャンスがどこでくるかです」

上岡龍太郎の漫談の代表作といえば「キヨスクに於けるベストセラーの考察」であろう。いかにも上岡らしい理論的漫談である。

上岡は毎年発表される人気作家の中に池波正太郎が入っているのがおかしいという。本来は『鬼平犯科帳』シリーズで人気があるので当然だがここは上岡マジックである。

池波のことを専門家の間ではキヨスク・ライターだといういんだといい、その理論を展開する。

鉄道弘済会（キヨスク）の売店の正面には週刊誌が並ぶ。そのすぐ上には、ゆで卵、天津甘栗、この三つが作る三角形がキヨスク・トライアングルである。その約80㎝上方に煙草ケースがある。すぐ下には新書本、文庫本が並んだ回転式本棚がある。

普段は商品の差し出しと金銭の受け取りが電光石火の如くに早い女性店員が、釣り銭の返しだけはもたつく。そしてその間、客は本来欲しくないおつまみまで買わされることになる。キヨスクひとり時間差攻撃。

煙草を買う場合は、この間、客は回転式本棚を見る。宇野鴻一郎『濡れて立つ』、川上宗薫『好きくらべ』、富島健夫『孤独な初夜』、阿部牧郎『真昼の秘書室』、丸茂ジュン『今夜のルージュはどんな味』……。

そこへ女子大生鎌倉一人旅というのが来る。客は妄想する。

「「ほな、隣に座るわ。ぼくが席へ座って缶ビール飲んで、イカ燻食うて、で、『好きくらべ』広げるわな。ほしたら一二ページから、もうアクロバットみたいポルノシーン、よだれ垂らして読みふける。ふと隣の女の子がパッとぼくの本に目を移す。「まあ、不潔！　だから中年てイヤ！」。自分で文庫本を広げる。この子は柴門ふみ『恋愛論』かなんか。ぼくが川上宗薫で、この子が柴門ふみ、ぼくが『好きくらべ』で、あの子が『恋愛論』。やめよ！　やめよ！　こんなん、絶対やめよ！」と思て、上げた手が（回転式本棚を）左へ左へ。『孤独な初夜』、『今夜のルージュはどんな味』、これを通りすぎると、ここにお馴染みチャンバラ三人組、山手樹一郎、藤沢周平、池波正太郎、これが二冊ずつ並んでるんですね。上げた手が、もうこれ以上左へいくと宙を舞うぞォ〜という最後のところにチャンバラの中で一番人気薄の池波正太郎があって、なぜか手が動くように池波正太郎を取り出してしまいます」

以下は、上岡龍太郎がよく口にする持論である。

「これはぼくがそう思っているから、皆もそうやろうと思うんやけど、伝統芸能以外で舞台に立っている人というのはおそらくものすごく不安な気持ちで舞台に立っていると思う。伝統芸の人はそれこそ落語だ、浪曲だ、講談だ、と思うから舞台にドンといてられるんですけどね、われわれはものすごく不安で舞台に立っているんですよ」

「伝統芸能の中に身を置きたい」。昭和五二（一九七七）年、上岡は、講談習得を思い立つ。

「かねてから人前で一人芸を演りたいという気持ちがありました。伝統芸というか、ネタのあるものをキチッと演りたかったんですね。フリーのしゃべりなんかはラジオでなんぼでもできるわけですから。でね、ぼくは意外と練習が好きなんですよ。練習するわりには練習した成果の出ないタイプなんですがね（笑）。むしろ練習することに喜びを感じるんです。発表するとね、「練習せんほうがよかったな」「初見のほうが上手かったで」といわれることが多いんですがね。でも単純作業を練習するということが、非常に好きなんですね。ところがぼくは講談でいうとあんまりセリフのあるものは苦手なんですよ。だからそれをお願いしてできるだけセリフの少ないものを教えてもらいました」

上岡は講談を主に地域寄席などの高座で読んでいる。『三方ヶ原軍記』『扇の的』『幸助餅』『藤吉郎と八卦見』等を手がけた。

「その間、二年もなかったでしょうね。全部で一年ぐらいやと思いますわ」

それから月日は流れ、上岡はまったく新しい講談を創作することを思い立つ。それが「上岡流講談」といわれる作品群である。

上岡は、講談の話芸を習得することによって、講談そのものの口調は如何せん現代を伝えるには適さないと思い至る。ただ、講談自体は衰退しても歴史小説は隆盛である。小説の形式を講談の台本に生かすことはできないか。さらには『忠臣蔵』『金色夜叉』『ロミオとジュリエット』という以前の一般常識が若い世代に通じず、パロディが成り立たない。

「それでは、こちらから以前は常識として誰でも知っていた作品を教えていこうではないか」

ということが動機で始まったのが「上岡流講談」である——。

「上岡流講談」の初演は、平成三(一九九一)年五月二四日である。場所は大阪ミナミにあった暫ホール。第一回「上岡龍太郎ひとり会」において口演された。

演目は『ロミオとジュリエット』。このときの上岡は、上方講談のように釈台に張り扇という出で立ちではなく、背広姿の立ち高座で文芸漫談調で講談を読んだ。

以後、「上岡流講談」を練り上げるごとに釈台、着物姿という純講談調の高座でも演じられるようになる。

上岡が手がけた作品は『ロミオとジュリエット』『金色夜叉』『婦系図』『無法松の一生』『長谷川伸の世界~関の弥太ッペ~』『血煙荒神山』『決闘鍵屋の辻　荒木又右衛門』『円谷幸吉物語』『栄光の名ボクサー　ファイティング原田物語』『栃錦物語』『ケニー・ダンカン物語』『運命の転倒~池田純一物語~』『〝咲くやこの花大阪府知事〟横山ノック桜折り取り物語』等々やはり古典や人物伝が多い。

「上岡流講談」は、上岡龍太郎のために構築された世界である。そのため古典講談のリズムを根底に、上岡独自の知的な解釈と屁理屈、聞き手に可愛らしいと感じさせるあまりにも無邪気なボケと、十八番の発言の矛盾で構成されている。

その芸を上岡ブレーンの、加藤吉次郎、川島みちこ、小林芳廣、佐伯勝、鈴木則行、野口佳久、疋田哲夫、宮川清彦らと上岡を交えた月一回のブレーン会議を開き、手分けして作品を作り上げていった。

発表は「上岡龍太郎ひとり会」。会場は暫ホール（大阪ミナミ）、コスモ証券ホール（大阪北浜）、コークステップホール（大阪・アメリカ村）、HEPホール（大阪キタ）と移っている。また、年に一回、開催されたサンケイホール「上岡龍太郎独演会」でも披露された。

ホームグラウンドとなった「上岡龍太郎ひとり会」は、その年によって開催は異なったが、平均的には隔月で行われた。上岡はいう。

「あのね、ブレーンの台本でもね、吉っつあん（加藤吉次郎）の書いた台本は、細かくきっちり完璧をきたして書いてあるのでさわりにくい。ところがその点、あめ（佐伯勝）の台本は途中に〝ね、ここここんな感じ。分かるでしょう？〟と、わりとアバウト。だからぼく的にはああいう台本のほうが、自分で作っていくというやりがいがあって、楽しみがありました」

さて、「上岡流講談」とはいかなるものか。代表作のひとつ『無法松の一生』を見てみよう――。

「男が泣く。それも女々しい優男が泣くのではない。喧嘩は強い、気風はいい、竹で割ったような男の中の男といえるような、男っぽい男が泣く。悲しい涙でも、悔し涙でも、ましてや、松田聖子のような嘘泣きの涙でもない。切なくて、切なくて、流す男の心の涙。今宵は恋しい女への想いも切ない涙も、じっと心に秘めて尽くしぬいて生きた一人の男の物語。

題して『無法松の一生』。物語の時代は明治の末から大正時代。ちょうど日露戦争が終わって、人々が勝った勝ったと浮かれていたころ。舞台は九州小倉であります。

主人公は富島松五郎。職業は人力車夫。人力車の車引きであります。

「車夫・馬丁の輩」という言葉があったぐらいで車夫といいますと貧乏で無教養。酒と喧嘩と賭けごとが大好き。市井の無頼漢であるというイメージが一般にもたれていたこの時代。松五郎も例にもれず無学でありました。仮名文字さえ読めなんだといいうんですなあ。

特に三桁以上の計算ちゅうのが、もうダメです。一円二八銭の車賃に五円札もうたときなんか、もう周りが見てて気の毒なぐらいオロオロと狼狽したといいます。三円一五銭に八七銭を足したときなんか、もう……こら、まあ、私でも無理ですけどもね。

身長が五尺七寸、身体が一九貫といいますから、今でいいますと、一七三センチの七〇キロ。筋肉質の堂々たる体格であります。顔立ちはといいますと面長で、額が豊か。鼻筋通って、口は大きい。輪郭がはっきりした精悍な好男子であります。

出で立ちはと申しますと江戸柄と申しまして、こう金太郎の腹かけの大人版みたいなもんをしてまして、阿弥陀にかぶった饅頭笠。笠の下には、薄汚れて無精ひげで覆われた顔。目だけがギラッと光っております。

声がまたよかった。大きい声でよう通る。静かな夜の町を得意な追分を歌いながら空車で流していると町のみんなが聞き惚れたといいます。

性格がいい。粗暴にして生来無茶な乱暴者。無類の暴れん坊でもう町の人の嫌われ者。鼻つまみ。とんでもないことばっかりしだすんで、無法の松五郎、「無法松」と呼ばれて小倉では知らん人がおらんぐらいその名がよく知れわたっております――」

上岡流講談『無法松の一生』である。

「桜が風に舞う春……どうです。文学的な香り、ね。桜が風に舞う春。春っていや済むところをね。桜が風に舞う春。ああ、ちょっといえまへんなあ、ほかの芸人では……」

富島松五郎は濠に落ちた吉岡陸軍大尉の一人息子・敏雄を助け、吉岡夫人のよし子に出会いひと目惚れをする。吉岡大尉の急死。松五郎は母子家庭となった一家へ無私無欲で奉公する。松五郎のよし子への思慕は続き、一五年の月日が流れる。松五郎は、ある夜、突然、一人暮らしのよし子を訪ねた。

「松五郎は手をつき、しばらく顔を上げませんでした。ボタリ、ボタリと畳の上に音を立てて涙が落ちてきます。大きな身体が震えております。「どうしたの、松五郎さん、どうしたの?」。のぞき込むよし子夫人に、松五郎は涙で濡れた顔を上げ、今度ははっきりとよし子夫人の目を捕えます。「奥さん……わしゃ……」。夫人に手を伸ばしかけた松五郎はハッとして「奥さん……すまん。わしの心は汚い」。いうやいなや、身を翻して飛びだしました。風のように下駄も履かずに闇に消えた松五郎の座っていたあたりを、よし子夫人はいつまでも見つめておりました。それは松五郎が生まれて初めて人の前に見せた涙でありました。松五郎は心で、よし子夫人への想いが、恋の想いが、可愛い妹として見ようと思う努力を、はるかに上回ってしまったのでありました。いってはいけない言葉、口にしようとしてしまった自分。それを、松五郎は死ぬほど恥ずかしいと感じたのです。これ以後、松五郎は二度と吉岡家に姿を見せることはありませんでした」

やがて松五郎は、ひっそりと死ぬ。よし子と敏雄名義の貯金通帳を残して。よし子は、そのときに初めて松五郎の想いを知る。

「かくて、無法松・富島松五郎は、死んで初めて愛しいよし子夫人の手に抱かれ、そして初めて美しい情愛の涙のはなむけさえ受けたのでありました。武骨で無知な暴れん坊、度胸も腕力も男気も人一倍の松五郎の切ない恋の物語。生涯ただ一度の恋に、耐えて、尽くして、かなわぬ恋と知りつつも、女神に仕えるごとく生きて、そして逝ってしまった一人の男。富島松五郎・無法松の一生、全巻の終わりであります」

上岡流講談の変形バージョンに映画解説というジャンルも存在する。それも実際に存在する映画を解説するのではなく、いかにもありそうな架空の映画を上岡話術によって表現する。

根底には浜村淳の映画解説があるという。上岡はいう。

「浜村さんの映画解説って、実際の映画より面白いやないですか。映画を見に行ったらおもろなかったと。あら、解説だけを聞いといたらよかったとね。それで映画解説というけども、映画を見る人が全員聞いてるわけでもないし、見た人は聞いてない。これから見る人のために解説をやってるんやけども、見ィひん人もいてると。それやったらいっそない映画を解説してみようということで始まった」

上岡は、ブレーンの加藤吉次郎にざっとしたストーリーと配役を話した。第一作が『浜辺にて　ナ・ヴィズモーリィエ』という作品である。上岡はこんなふうに話を始めた。

「先日、京都の知人から電話がありまして、「どうしても見てほしいものがあるんで、自宅のほうへ来てほしい」と、こういうんです。で、その彼というのは、その筋では有名な映画のコレクターなんで、「ぼくに見せていただけるのって、映画ですよね」と訊ねますと彼は「ええ。上岡さん一人だけに見ていただきたいんで、できるだけ早く来てください」といって電話を切ってしまいました」

いきなり意味深な話から物語は展開する。

「彼の映画の収集のために必要な資金というのは、すべてアメリカのMS社というとっから出ている。で、彼のこのコレクションは、彼の死とともにそのMS社に譲り渡されることになっている。でも、この（知人宅の）土蔵の中の金庫の中に入っている八本の映画だけは、そのリストから除外されてるというんですね。で、この金庫の中の映画というのは、それぞれ理由は違うんですが、八本とも法律的に保護されていない作品。つまりそれが公に曝されると誰かの犯罪行為が明るみに出てしまう、公的機関に没収されてしまう作品だというんですね。で、今日はそのときに見せてもらった一本の映画『浜辺にて』という話をします——」

だから、これから話をする映画は、今まで誰の目にもふれることはなかったのだと上岡はいうのだ——。

実はこの映画、公開はされたのだが、まったくヒットもせず、評判にもならなかったという。上岡が見たのは、オリジナルプライベートバージョンで、本来、監督が作りたかった作品である。カットされた部分が、この映画がいわくつきの作品であったと感じられると上岡は語る。映画冒頭の語りである。

「北海道、知床半島の小さな漁村が、この映画の主な舞台です。まず画面にいっぱいに海。オホーツクの海が映しだされます。といっても荒くれた暗く厳しい北の海ではなくて、まったく逆の明るぅ〜い海として描かれています。超望遠レンズがはるか沖合に一隻の小ィ〜さな漁船を見つけたところから映画は始まります。きらめくようなストリングスの音楽にのせて、どっかウキウキした表情で船が近づいてきます。船が岸壁間際に迫ったころから、雰囲気が急速に変わります。ふいに音楽が途絶えます……」

出演している役者が現実的で、実に個性的な俳優の名前を役柄に合わせて連ねていく。仲代達矢、大谷直子、常田富士男、岸部一徳。上岡は話す。

「芸人というのは人を騙すのが好きでしてね。騙し方にもいろいろあるんですが、『浜辺にて』の場合はちょっと卑怯といえば卑怯なんです。なぜかといえば、仲代達矢さんや大谷直子さん、常田富士男さんや岸部一徳さんのイメージを借りてしもてますからね。でもこれはね、私にいわせりゃ、司馬遼太郎のやり方と一緒なんですよ。司馬遼太郎だって坂本龍馬や中岡慎太郎、近藤勇のイメージを借りて自分の世界を構築してるんですから……」

『浜辺にて』は、ラストで老婆が波に飲み込まれ消えてゆく。つまり映画のために殺人が行われたためにその事実が秘されたということなのである。速記にすると矛盾点も多々ある。しかし、いったんこれが上岡の話術にかかると説得力をもって聞き手の耳に迫ってくるのだ。

現にサンケイホール「上岡龍太郎独演会」で上演された際には、名プロデューサー=吉鹿徳之司がまんまと騙され、「近々、仲代達矢さんに会うのでこの映画のことを訊いてみる」といわしめ上岡を喜ばせた。

上岡の映画解説はほかにも『九龍城の蒸しパン屋』『鍵屋の辻　三十六剣の最後』など数作を数えている――。

「上岡流講談」には、一風変わった作品がある。上岡が敬愛する父・上岡為太郎氏の一代記を面白おかしく語って聞かせる『俺ら天下の為さんだいッ』という作品である。

冒頭、鶴田六郎が歌う昭和三〇年三月に発売されたヒット曲「天下の為さん」が流れ、語りはじめる――。

「実は、私の父が為太郎という名で、皆さんから為さんとこう呼ばれておりました。今日はひとつ「俺ら天下の為さんだいッ」と題しまして、わが父・為太郎の一代記をご紹介しようと――。

明治四一年四月の一〇日のことでありました。四国は高知県。高知県といいましても、高知市内からはるか西。とにかく高知市内から汽車に乗り、バスに乗り、徒歩で歩いて継いでや〜〜と到達するという、もう四国の形を皆さんの頭の中で描いていただいたときに、一番南の端。向かって左が足摺岬。右が室戸岬。この足摺岬より、まだ南へ下った、も、ホントに四国も果ても果て。文化果つるところ。ここにわが父・為太郎は生を亨けたのであります」

為太郎の故郷がいかにすごいところであるか。上岡は、愛情と皮肉をもって語ってゆく。いかにも上岡龍太郎の世界観である。

「ま、とにかく凄いとこです。日本の国鉄――今のＪＲというのは、北は北海道から南は九州まで、くまなく日本列島をズゥ――ッと縫うように路線を貼りめぐらしたわけですが、その国鉄ですら嫌がってつながらなんだというところですよ。いまだに国鉄がきてないちゅうとこですから、も、とにかく高知からドンドン、ドンドン行きまして、中村やとかをすぎまして、土佐清水という港町に着きます。ここから左へとると足摺岬。それよりまだ右へとっていかないかん。あの田宮虎彦が「足摺岬」という小説で書きましたように、片や耕して天に至る段々畑。片や黒潮岬押し寄せる断崖絶壁。そんなもう山伏みたいなとこ、ガァ――ッとほうて這いずり回ってやっとたどり着くのが高知県幡多郡下川口村というもう僻地も僻地、すごいとこです。そのかわり空気は澄んでますしね、空はあくまでも蒼く、食べ物というと、段々畑で耕した、自分たちの作物。海へ潜ればすぐにアワビが獲れるという。もうネアンデルタール人そのままみたい。自給自足の生活がいまだにできるちゅうとこです。ですから、皆、健康で長生きですよ。うちのお婆ちゃん。つまりこの為太郎の母親なんか、なんと満一〇〇歳まで生きましたからね。八〇歳まで自分で田んぼを耕して、海へ潜ってたちゅうぐらいの元気もんやったんです。でも、いうときますけどね、あんなとこで一〇〇まで生きてるより、大阪で五〇で死んだほうが幸せですよ。ただ生きてるというだけですからね。ほら、えらいとこですわ」

平成四（一九九二）年九月一一日―一三日に大阪桜橋サンケイホールでの第一回「上岡龍太郎独演会」の二日目にこの『俺ら天下の為さんだいッ』が口演されている。上岡にとっては手慣れた作品のひとつでもあった。

父親が苦学の果てに弁護士になる工程を愛情と皮肉をもって笑いに変えてゆく上岡話芸である。

「その高知の果ての果て。こんな凄いところでうちの親父が、明治四一年に生まれました。ま〜、とにかく生まれて育って学校に行きますけども、これをなんとか早く大きくして、育てて使いたいちゅうのが親の願いですね。とにかく労働力が確保できるわけですから。今まで己が耕してたとこを子どもにやらせれば労働力が確保できた。あとはドブロクでも飲んで一生優雅に暮らそうか、というようなもんが、うちの親父、学校だけ出まして、田んぼをこうある日、耕してたんですなあ。するとそのとき、うちの親父の頭に青白い光が走ったといいます。見上げるとそこには抜けるような高知の蒼い空。そのとき、フッと親父の頭に「俺はこんなことをするために生まれてきたんではない。勉強がしたい」と、こう思たちゅうです。すごいことを思うもんですねえ、人間ちゅうのは。「勉強がしたい」と思た。ぼくなんかなんとか勉強はしとないと思たもんですから。「勉強がしたい」と思た。しょうがないです。貧乏なんですから。も、貧乏も貧乏、水のみ百姓、どん百姓、赤貧洗うが如し。も、貧乏を表彰して額に入れたようなもんです。貧乏やと勉強がしたいと思うんです。なんでかちゅうて、あの貧乏人が金持ちに対抗する手段は勉強しかないんです。金持ちに対抗するには、知恵しかないんです。だから勉強するんです。今日日の子ども勉強せえへんでしょ。貧乏やないからです。金持ちやからですね。昔から金あるやつは勉強せんでいいんです。自分が勉強せんでも周りに勉強したやつを集めときゃええんですね。ですから今の子どもたちは、勉強しないんです。うちの親父なんか、も、貧乏で貧乏でしょうがなかったから「とにかく勉強がしたい」と。

泣いて止める母親を、鍬もろともポォ〜ンと蹴飛ばして高知に出る。やがて上の学校へ進む。周りの人たちからもいろいろ暖かい援助があって奨学金をもうて、やがて京都へ出てくる。京都へ出てきて、あの京都帝国大学法学部に入学する。普通なら一八とか一九という若い歳ですが、親父はなんせ田んぼ耕してる時間だけ、その間、時間食うてますから、もう大学入ったときには二〇半ばやったちゅうんです。周りから「おっさん、おっさん!」といわれるぐらい。朝は新聞配達して、牛乳配って、それから歩いて京大行って勉強して帰って、また新聞配って、家庭教師をして、それから勉強するという毎日。もう私から見るとアホやないかと思うほどです。そんな生活を繰り返したちゅうんですね。で、やがて大学を卒業するころになると司法試験、昔の高文ちゅうやつを受ける。これを受けて通ると晴れて弁護士になることができる」

苦労に苦労を重ねた為太郎は、息子の上岡龍太郎に体験としての持論を語る。

「わが父・為太郎はいいましたですねえ。「ええか、若いときの苦労は買うてでもせえちゅう言葉があるけども、あらウソ。わしを見てみィ。わしは子どものころから苦労して苦労して苦労して苦労してェ、ここまできて、この程度や、なあ。苦労なんか何することある? 人生は楽に行けェ!」。こういうてくれたんですねえ」

やがて、上岡龍太郎は、横山ノックの誘いを受け、トリオ漫才「漫画トリオ」の一員として上方演芸界にデビューする。そのことを、父為太郎は誰よりも喜び、自慢した。

「私が高校卒業して漫才やることになった。このときに親父に「漫才師をやる」ちゅうたとき、親父が「あ～、わしが弁護士でお前が漫才師か。なあ、世間では弁護士のほうが漫才師よりレベルが高いように思てるがそれは違う。弁護士なんか国家試験ちゅうけど、あんなもんは国家試験でもなんでもない。一部のものが考えた官僚試験、なあ。漫才師というのは、テレビに出る、ラジオに出る、そこで皆に面白い、国民の皆が知ってると。面白い、面白い、面白いと審査して、やっと世の中に出ることができる。これを国家試験というんやな。それにあの弁護士が漫才師と同じように言葉を商売にしてるけども、弁護士のほうは商売にしてる言葉ちゅうたらなんやいつも、暗い、つらい、悲しい、騙された、裏切られた、殺された……そんなことばっかりや。そのかわりお前は、同じ言葉でも、明るい、楽しい、面白い、笑い……なあ、そういうことをテーマにしてる。お前らのほうがレベルが高い。弁護士より漫才師のほうがレベルが上だ」。こういうてくれたんですねえ。

で、父親がそやから、ぼくが漫才をやるいうことになったときはね、もう喜んでましたです、逆に。普通ならば「そんな商売！」っていうところを「漫才やるようになった！」ちゅうて。だから事務所にくる依頼人の人にも喜んでね、「いや、今度、わしの息子が漫才をすることになったんだあ」ちゅうてね。で、依頼者も「え、先生とこの息子さん、漫才するの？　なんちゅう名前で？」「知らんか？　この頃、ちょっとようテレビに出てる、うん。トップ・ライト」。誰が知ってんねや。ノック・フック・パンチが覚えきれなんだんでしょうな、うちの親父にしてみれば。「なんかカタカナの名前やなあ」思て、「トップ・ライト！」。依頼者が「トップ・ライト……おお！……だいぶ歳いったお子さんですなあ」。うちの親父と歳変わらんぐらいですからね、あれ。ま、間違うてたなりに、ぼくのことを応援してくれたちゅうのが親父ですからね」

この父があって、上岡龍太郎という特異な話術者が誕生した。『京都新聞』にたった一度記事が載ったことを自慢する為太郎。酒好きで趣味はないが、大きな身体だけに相撲は得意だったというエピソードを語り、やがて父の臨終の場面である。

「この酒飲みの親父も、ついに、え〜、忘れもしません、え〜、亡くなりましたんが、いまだ、私の脳裏にビデオテープを巻き戻すように、はっきりその日のことを覚えておりますが……。え〜、忘れもしません。あれは、あ〜、いつでした？　昭和六〇年、今からもう七年にもなります。昭和六〇年一〇月の一六日午後九時五八分、この瞬間に阪神がヤクルトと引き分けて、阪神が二七年ぶりに優勝を遂げた。このときはまだ生きてたんです。それははっきりと覚えてるんです。その年の一一月です。確か九州場所をやってましたからね。九州場所のときにね、うちの親父は高知県出身ですから、朝潮太郎、今の若松親方ですか、の、ファンでしてね。

ファンていうか、応援、相撲が好きでしたから。で、応援してて、で、テレビで見てたんですね。そのときに、京都の一一月で炬燵に入ってて、で、家のもんはそのときに、「おう、今日も朝潮、勝ったぞ」と、この言葉は確認してるんですね。で、そのあとフッと見たら炬燵でこういう具合に、フッとこううつ伏せになってる。下向いてるんで、「こんなとこで寝てたら風邪ひくから、もう奥で寝なさい」ちゅうてたら、指動かしたら、もう風邪もひけん状態になってたんですね。フッと死んでたん。で、画面をパッと見ますと『MBSナウ』やってたんです。ですから、相撲が終わって、つまり、テレビのスイッチを――リモコンのテレビやなかった。這うていって、2から4にガチャガチャと変えたんですな、おそらく。ほんで戻って炬燵に入って、パッと死んでもうたん……」

通夜、葬儀告別式の風景である――。

「で、そのときも「亡くなられて最後のお言葉は?」って、こういわれるんですよ。これが困りましてね。普通は、あの〜、偉人、今までの伝説上の人、立派な人、立志伝中の人物なんていうのは、いろんな最後の言葉ちゅうのがありますやん。ゲーテは、「もっと光を」ちゅうてパタッと倒れたとかね。「喜劇は終わった。幕を下ろせ」とかいうてモリエールは死んだやとか、なんかそういう言葉があるでしょう。う〜ん、あの短気な浅野匠之頭でさえ、「風誘う　花よりもなお我はまた　春の名残をいかにとやせん」と一句詠んで死んだちゅうんでしょ。

五右衛門でさえ、「石川や浜の真砂は尽きるとも世に盗人の種は尽きまじ」ちゅうた。「お父さんの最後の言葉は？」「あッ、「朝潮、勝った」」。それいうて、七七歳の人生はなんだったんだちゅうことで、最後で「朝潮、勝った」。

でも、あの滅多に勝たんやつが勝ったんやから、これもええかいうてね。「大鵬、勝った」って、「いつや分からんで、おい」。「北の海、勝った」「ズッと勝ってたで」。「朝潮、勝った」いうたら、「あ、九州場所では二回ぐらいやろう」ちゅうようなもんでね、分かりやすいですがね」

このあと、葬儀風景から、焼き場の模写、そして遺骨の始末までを語るシュールな話芸。私小説という分野があるが、これは上岡龍太郎の私話芸ともいえる作品であろう。

上岡龍太郎のテレビ芸

ここからは上岡龍太郎のテレビ番組における話術を見てみたい。

まずは昭和五〇（一九七五）年一月一八日に始まった『ノックは無用』（関西テレビ）である（―平成九［一九九七］年九月二七日）。

『ノックは無用』は、上岡にとっては『歌って笑ってドンドコドン』（ラジオ大阪）と並ぶライフワーク番組であった。

番組案は、放送作家の久世進がアメリカ・ニューヨークへ行った折に見た『ジョニー・カースン・ショー』にヒントを得たという。五―六人のゲストが次から次へと出てきてしゃべるだけで、先に出た人はスタジオにたまっていく――。当時、日本にはなかった番組スタイルであった。

『ノックは無用』は土曜日の一二時からの放送。司会は上岡龍太郎と横山ノックの二人。

「タイトルの『ノックは無用』は、ゲストに気軽に来てくださいという意味と、ノックさんがいつ選挙へ出ておらへんようになるかも分からん。で、ノックさんが無用という意味でもつけました」（久世進）

ゲストにはそれぞれ「失敗屋さん（お笑い）」「コリゴリさん」「仲よしさん」「さわやかさん（新人）」「フットライトさん（話題の人）」「あこがれさん（スタークラス）」などのタイトルがついている。

番組の進行は、たとえばひと組目。上岡が「まずは失敗屋さんの登場です」というと、ノックが「失敗屋さん、どうぞ！」と続けて叫ぶ。曲が流れて、出演者がスタジオの席へ向かう間に、上岡は「今日の失敗屋さんは……」とそのゲストの紹介を五七調で語る。ゲストは、まず一番端の席へと座り、トークが終わると次のゲストが出てくる間に席を横へと移動していく……。

「これ、先に出た人はええねんけども、二番目からの人は前の人の座ったあとに座るから椅子が温いのが気持ち悪いという（笑）」（上岡龍太郎）

トークが四組続くと、最後は皆で楽しめるような芸をもった人を「名物さん」として登場させ、番組としてのメリハリをもたせた。

「変な制約があった。最初に登場するお笑いの人は番組が始まって一五分ぐらいで終わらないかん。裏番組のNHK『生活笑百科』が始まるから。だから（笑福亭）仁鶴やんとか上沼恵美子がゲストのときはニュースの間に終わらないかんと。一二時一五分以降は画面には一応おんねやけども、しゃべらへんねんね」（上岡龍太郎）

『ノックは無用』は、出演者一同が本番前に関西テレビのロビーで会する。ディレクターから「あこがれさん、〇〇さんです！」と順次紹介されたあと、横山ノックがひと言。「これにて、完璧な打ち合わせを終わります！」。そこで必ず笑いが起こる。名前をいうだけという東京キー局では考えられない打ち合わせである。番組構成の久世進は「この皆で笑うた雰囲気がそのまま番組に出る」という。

番組には五組のゲストがある。司会進行の上岡龍太郎には絶えず時間の配分ばかりが頭にあった。

「ゲストはなんのために来たかというと、半分以上はイベントなどの宣伝のため。だからその話に当然早くいってほしい。ところがそういうときにノックさんが質問する。そら、聞いたらおもろい話なんやけども、その話を今やられるとつらい。本来用意していた話にいかれへんということらしい。それでよくフロアディレクターと揉めた。副調室では早くCMにしようとする。フロアディレクターは、向こうのいうとおりにそのまま伝えてくる。「お前、スタジオにいてこの空気分かるやろ？　副調室はこの空気が分かれへんから時間をいうてくんねん。だから君はぼくらの側に立って、〝無理です。もうちょっと待ってください〟ってなんでいわへんねん。こっち側のイメージを向こうへ伝えるのが君の役目やがな」と」（上岡龍太郎）

ゲストがスタジオにたまってくるとその人たちへ発言を促すタイミングも難しい。

「こっちが別に話をふらんでもしゃべってくれるねやったら、ものすごくええねんけども、やっぱり人は他人がしゃべっている話に入っていくのは悪いと思うから、なかなかその話に噛んでけえへんねん」

久世進によるとアメリカにはコンプリーターという職業があるという。これは視聴者の立場に立って番組を理解している役目である。番組が始まった当初、上岡が余裕のない場面では、久世がテレビカメラから映らぬ位置からフリップで、ときには「横にも訊いて」などの指示を出したという。

「横の、この人の話が今欲しいなと思うときには、スッと目で〝ねえ〟という信号を送る。すぐにのってくれるカンのええ人もおるしね、我関せずの人もいる。そこで頭の良し悪しは感じたねえ」

『ノックは無用』のゲストには「あこがれさん」として大物ゲストが出演した。生放送番組である。上岡龍太郎は、次々順番に登場するゲストの最後の「あこがれさん」の出演時間を少しでも長くするために、前半ゲストのトーク時間を短めに設定して番組を進行させた。

「今日はこの人がメインというときには、最初のお笑いの人はもう簡単にトークを済ませる。そのかわり二人目、三人目のゲスト時には、その人たちに話をふる。悪いから。最後の大物ゲストは、一番訊きたい話が多い。けど時間がない。だから、質問事項も頭は飛ばして、五、六項目目の核心の部分から入っていきました」

毎回の生放送番組では、なかなか大物ゲストのスケジュールは押さえられない。放送作家の久世進は、岡田茉莉子、有馬稲子、山田五十鈴、加賀まり子、岡田真澄、高島忠夫といったスターに気安く出てもらえる関係を作っていた。

上岡は、大物ゲストにかぎって自分の〝間〟というものをもっていて、生放送で扱うには大変だったという。特に自分の間でしゃべったゲストは、鶴田浩二や緒形拳などがいた。ミヤコ蝶々などは、意識して自分の間でしゃべり上岡を慌てさせた。上岡はいう。

「大物というのは、しゃべらんでも絵になんねんね。そこへ質問をポンとして、返事に困ってても絵になる。鶴田浩二さんなんか、質問に「そうだなあ……」って、時間がないのに、最初の質問から考えられて困ったことがある。それでも絵になる。（横山）ノックさんはものすごう嫌がってた。「鶴田浩二、早よ、しゃべったらええのに！」って（笑）」

上岡が印象に残っている大物ゲストは、『鞍馬天狗』で有名な嵐寛寿郎である。上岡の「アラカンさんはもてたでしょう？」の質問に、「アラカン、もてた！」とあのぼくとつとした短い口調で答えた。

「「あこがれさん」というてもね、関西テレビの都合で、「これがあこがれさん？」っていう人も来るんやね（笑）」

『ノックは無用』とともに関西テレビの『花の新婚！カンピューター作戦』（昭和五三［一九七八］年一〇月一日～平成三［一九九一］年三月三一日）にも上岡を司会で起用した久世進は語る。

「上岡さんの立て板に水というか、あのリズムのしゃべりでの司会だったから両番組ともに上手くいったと思う。だからその上岡さんを起用したのは大正解、間違いなかったという自負は今でももっています」


上岡龍太郎のテレビ話芸で忘れてはならぬものは、よみうりテレビ『鶴瓶・上岡パペポTV』（昭和六二［一九八七］年四月一四日―平成一〇［一九九八］年三月三一日、その後、『LIVE PAPEPO 鶴＋龍』として平成一〇年七月七日―一二［二〇〇〇］年三月二五日放送）であろう。

この番組は、基本的には上岡と笑福亭鶴瓶のフリートークで構成されている。鶴瓶が大まかなネタは用意してきているとはいえ、ぶっつけ本番。まして上岡にとっては出たとこ勝負の番組であった。

作家の藤本義一は「あのコンビは、現在のエンタツ・アチャコ」と評した。かねてから「ぼくはフリーの漫才師」と公言している上岡にとっては（藤本がそこまで考えていたかどうかは別として）、仕事のひとつが正当に評価された形となった。

笑芸作家・香川登枝緒の説に漫才人間（漫才型タイプ）と役者人間（役者型タイプ）がコンビを組んだときに、漫才の名コンビができあがる、というものがある。

たとえば、横山やすしは漫才人間で、西川きよしは役者人間である。エンタツ・アチャコの横山エンタツは漫才人間。つまり当意即妙のアドリブ芸が成り立つ、生まれつきの漫才師タイプ。反対に花菱アチャコは役者人間。基本的には台本に忠実で、漫才以外にも俳優としてもその才能を開花しやすいタイプ、ということになる。

この方式でいうと、上岡龍太郎はむろん漫才人間で、笑福亭鶴瓶は役者人間だといえる。現在、鶴瓶が俳優として活躍していることを思えば、この図式は当てはまる。面白いのは、漫画トリオは、三人中、ノック・パンチ（上岡）の二人が漫才人間であるということだ。

上岡がフリーの漫才師を目指すきっかけとなったのは、日本テレビ『笑点』での、立川談志と前田武彦のフリートークであった。二人のやりとりがまさしく即興の漫才であった。

以来、上岡は自分が別コンビのボケ役との漫才を想定してシミュレーションをした。考えが思い至ったのは、コント55号の舞台である。普通人レベルの坂上二郎に対して、萩本欽一はエキセントリックなところからツッコむ。姿三平・浅草四郎も同様。

「別に面白いボケがいなくとも、こっちのツッコミ方しだいで漫才が成り立つ」と思い至る。上岡はテレビ番組の司会では常に相手に対し、この姿勢で取り組んだ。

『鶴瓶・上岡パペポTV』の前身は、近畿郵政局のスポンサー番組を企画する段階から始まっている。当初は笑福亭鶴瓶、野坂昭如司会のトーク番組であった。放送作家の疋田哲夫がいう。

「放送もしたんです。ところが野坂さんが田中角栄の金権政治を批判する形で新潟三区から出馬することになり、郵政省からNGが出た。「誰かおらんか?」ということになって、プロデューサーの岡島英次さんやと思うけど「パンチ（上岡龍太郎）ちゃんどうや?」と」いうことになった。

疋田哲夫が毎日放送で担当していた番組に『夜はクネクネ』がある。原田伸郎と角淳一が夜の街にくりだし、人との出会いをレポートするヒット番組であった。疋田は「そのスタジオ版をやろうや。上岡さんと鶴瓶ちゃんが好きなようにしゃべったら一時間ぐらいあっという間やで」と提案する。パイロット番組として、連夜の短時間トーク番組『鶴瓶・上岡激突夜話』を放送。これが好評、本放送に踏み切る。

「上岡さんには「何をおっしゃっても結構です。こっちで事後処理しますわ」というたんで〝〇秒経過〟〝㊝〟というのを……おそらく日本で最初に使《つこ》た番組やと思いますわ」（疋田哲夫）

鶴瓶（ドラマに出演して）「それやったら、俺、お前の人生に賭けるわ！」っていうセリフなんですよ」

上岡「格好ええがな」

鶴瓶「俺の退職金を、お前の――」。「東芝日曜劇場」や。なあ！」

上岡「そんなもんどっちゃでもええ」

鶴瓶「「東芝日曜劇場」で主役ですよ、俺！」

上岡「主役かいな」

鶴瓶「「東芝日曜劇場」の。俺、もう東芝の役やりましたんや」

上岡「どんな役や。こんなランプ――！（手でランプの格好をする）」

上岡はいう。

『パペポTV』が、何が楽やったかというと、鶴瓶ちゃんの話だけで終わってええわけでしょ。おもろいんやから。完結してるんやから。昔、落語の穴を指摘していく落語裁判ていう大喜利があったけど、あれに似たような気持ちやった。ぼくは落語裁判の、あの噺の穴をね、「おかしいやろ？」と指摘するのが意外と好きでね」

『パペポTV』は、その後、放送が開始される鶴瓶が桂ざこばと即興で三題噺を競作するテレビ番組『ざこば・鶴瓶のらくごのご』（朝日放送）の漫才版ともいえた――。

「そうやね、「まんざいのざい」やね、『らくごのご』的な要素はあったね」（上岡龍太郎）

上岡は『パペポTV』で、ツッコミばかりでなくボケる面白さも楽しみ、上岡の新たなるスタンスも加わった。

「こっちもボケる楽しさというのはあったね。鶴瓶ちゃんというのも、独特のツッコミの面白さがあんねんね。鶴瓶ツッコミというのがあるから……」

上岡「ぼくらもようね、例えばスタッフなんかにいわれることがあんねん。「上岡ちゃん、めし食いに行こか？」。で、行くやろ？　まあ、めし食わしてくれたことないねん」

鶴瓶「なんでやの？」

上岡「てんぷらとか、すきやきとか、しゃぶしゃぶとかね――」

鶴瓶「ふんふん」

上岡「めしはいつ出んねん？……めし出ェへんなあ……」

鶴瓶「（笑）」

機関紙『パペポ通信』の配布や、ステッカーやポスター、カセットブックの作成。さらには大阪城ホールや武道館、大阪駅前テントでの一週間興行、それにニューヨーク公演。『鶴瓶・

上岡パペポTV』は遊び心のある試みを幾つも試している。

上岡は『パペポTV』に対して、以下のような感慨をもっている——。

「『パペポTV』は、ぼく自身が楽しかったね。今日は鶴瓶ちゃんのどんな噺が聞けるかなあって、客の立場で収録に行ってた。ぼくのスタンスはね、終世それやったと思うね。今思うと一般人代表だと。そやから一般人が、楽屋へ入っていって、桂米朝師匠から「お前《ま》はん」といわれ、談志師匠に「おう、龍太郎来い！」っていわれる一般人って、そういてへんでしょ（笑）、みたいな。そやから一般人で客席で笑うてるだけでもええねんけども、「それ、どないなってまんの？」、「え？　それ、おかしいやん？」って、客席もいいたいのに、ぼくが舞台へいいに出てるというね。それがすごい嬉しかったというか、今思い返してもよかったなあと思うのは、それだけやね」

愛情のある客観性。上岡龍太郎の、芸、目線にはそれが常にあったように思う。

『パペポTV』は、上岡龍太郎のテレビ話芸としてひとつの到達点であったといえるだろう——。

エピローグ

さて、ここまで長々と大阪の一人芸の一時代の系譜を見てきた。

明らかにインテリジェンスを感じさせる知的な笑いは、漫談家・西条凡児がある意味での完成を成し遂げたといえるであろう。そこから派生して、浜村淳という司会者がその後の一角を占め、凡児、浜村を系譜とする上岡龍太郎が出現し、関西の一人話芸としての一応の結果は見た。

上岡に指摘されたことがある。「(作家の)小林信彦さんが、書いてたんやけどもね——」という。『EXテレビ』(よみうりテレビ)火曜日の司会である上岡・島田紳助コンビに〈映画「スティング」の二人組のオモムキがある〉というのだ。

上岡と笑福亭鶴瓶とのコンビを藤本義一は〈エンタッツ・アチャコ〉と称したことを例に出し「相手が替わるとたとえも替わるから面白いなあ」と上岡はいった。上岡・紳助のコンビは、香川登枝緒のいう分類では、漫才人間どうしのコンビになる。『スティング』(一九七三)は、ポール・

ニューマンとロバート・レッドフォードのコンビがギャングのボスを巧みなイカサマで罠にかけて騙す話。島田紳助は、上岡龍太郎の芸脈を継いだ人物である（上岡は漫才時代の紳助を演出しようと考えたこともあった）。

西条凡児から始まる系譜は、緩急自在の話芸で虚構の世界を構築（それが事実を話題にしていたとしても）し、観客の気持ちを惹きつけ、ほぐし、笑いに誘う芸である。聴衆を魅了し、説得力のある、ある意味での騙しでもある言語空間は、詐欺師や宗教家のテクニックにも通じるものがあろう。

かつて凡児は、アメリカのハワイ島での公演で、聴衆を笑わせ、泣かせ、大いに魅了したため、現地では宗教家と間違えられたというエピソードも残っている。また、浜村淳は山田太一作のドラマ『想い出づくり』（TBS）で、詐欺の旅行会社社長を演じた。

そもそも落語という話芸が虚構の世界――物語ではあるが――を築いていき、最後にサゲで「ウソでした」とばらす芸である。

島田紳助もまた明らかに西条凡児～上岡龍太郎までの芸脈の継承者ではあるが、この項で述べている浜村淳の芸とは少し違う。しかし、分類などというものは、少し無理もあるし、例外もあるものだ、などと結論を曖昧にして、本書を凡児的に「では、また見てもらいます……さよなら――」と終えたい――。

参考文献

『パンパカパーンまる儲け作戦』（横山ノック／昭和四三年一〇月・自由国民社）
『漫才漫談一週間上達法』（獅子てんや・瀬戸わんや監修／昭和四四年八月・新風出版社）
『HOW-TO 西条凡児　話の職人』（西条凡児／昭和四九年二月・日本文芸社）
『淳のしゃべりしにものぐるい』（浜村淳・ラジオ大阪編／昭和五〇年五月・ブック館）
『淀川長治の日曜洋画劇場』（淀川長治／昭和五二年五月・雄鶏社）
『大阪の笑芸人』（香川登志緒／昭和五二年一〇月・晶文社）
『小説愛情屋』（藤本義一／昭和五四年九月・光文社）
『こぼれ松葉　森繁久彌の五十年』（森繁久彌／昭和五八年一一月・日本放送出版協会）
『放送演芸史』（井上宏編／昭和六〇年四月・世界思想社）
『私が上岡龍太郎です』（上岡龍太郎ＢＭ研究会／平成三年五月・ブックマン社）
『コラムにご用心　エンタテイメント評判記1989~92』（小林信彦／平成四年五月・筑摩書房）
『上岡龍太郎かく語りき　私の上方芸能史』（上岡龍太郎／平成七年一月・筑摩書房）
『映画は語る』（淀川長治・山田宏一／平成一一年四月・中央公論新社）

『談志百選』（立川談志・山藤章二画／平成一二年三月・講談社）
『米朝・上岡が語る昭和上方漫才』（桂米朝・上岡龍太郎、企画構成＝戸田学／平成一二年七月・朝日新聞社）
『凡児無法録「こんな話がおまんねや」漫談家・西條凡児とその時代』（戸田学／平成一三年三月・たる出版）
『さてみなさん聞いて下さい　浜村淳ラジオ話芸「ありがとう」そして「バチョン」』（浜村淳／平成一五年一一月・西日本出版社）
『上岡龍太郎 話芸一代』（戸田学／平成二五年一〇月・青土社）
『毎日放送の50年』（株式会社毎日放送40年史編纂室／平成三年九月・毎日放送）
『ラジオ大阪番組履歴書』（ラジオ大阪編成部）
『朝日放送の50年』（朝日放送社史編纂室／平成一二年三月・朝日放送）

あとがき

本書は、平成一九（二〇〇七）年四月五日―二一（二〇〇九）年一〇月二八日に『産経新聞』大阪本社版夕刊に全一二九回連載された「凡児・浜村・上岡　話術の達人」に加筆訂正したものである。

連載の企画・担当は、産経新聞大阪本社文化部の金森三夫編集委員（当時）。当初、金森氏からはのちに『上岡龍太郎　話芸一代』（青土社）の元になった、「上岡龍太郎研究」（大阪藝能懇話会＝豊田善敬氏自費出版小冊子『はなしの焦点』第三巻［平成一五（二〇〇三）年九月二三日］―第一五巻［平成二一年九月二三日］の内七回連載）のような連載を新聞紙上でできないかとの打診があり、相談のうえ、関西の司会・一人芸の記録と考察として一時代を作った西条凡児、浜村淳、上岡龍太郎の三氏の活動を中心とする読み物を連載することになった。この時、上岡龍太郎さんからも「浜村さんのことは、きちんと書いておくべき」とのアドバイスをいただいていた。

西条凡児や上岡龍太郎両氏については私のそれまでの取材もあったが、浜村淳氏については連載当時新たに取材をした。浜村さんご本人や、所属事務所の昭和プロダクション、そして浜村さんがライフワークとしている大阪毎日放送ラジオの長寿番組『ありがとう浜村淳です』のプロデューサーであった島修一氏には、たいへんにお世話になった。

また、西条凡児の記述では、以前に出版した『凡児無法録「こんな話がおまんねや」漫談家・西條凡児とその時代』（たる出版）で使用した漫談等、芸の部分では被らないように新たなものを採録。上岡龍太郎さんの項では、漫才時代の漫画トリオの速記や『上岡龍太郎 話芸一代』には収録できなかった上岡さんの父・上岡為太郎氏の一生を扱った上岡流講談『俺ら天下の為さんだいッ』をご本人のご了解を得て一部新たに収録させていただきました。

なんにしても、関西の一人話芸の系譜が一冊の本になったことについてたいへん喜んでおります。

取材にご協力くださった関係各位、元産経新聞社・金森三夫氏、前出の豊田善敬氏、編集者の青土社・明石陽介氏にはこの場を借りて改めて御礼申し上げます。

戸田　学

平成三〇年七月吉日

戸田 学（とだ・まなぶ）
1963年大阪府堺市生まれ。2004年、よみうりテレビ「第33回上方お笑い大賞・秋田實賞」受賞。現在はテレビやラジオの番組構成、映画や落語を中心とした著述で活躍している。主な著書に『上岡龍太郎 話芸一代』（青土社）、『上方落語の戦後史』、『上方漫才黄金時代』（以上、岩波書店）。共著に『浜村淳の浜村映画史――名優・名画・名監督』、編著に『米朝・上岡が語る昭和上方漫才』（朝日新聞社）、『桂米朝集成』全4巻（豊田善敬共編、岩波書店）、『六世笑福亭松鶴はなし』（岩波書店）、『いとしこいし漫才の世界』（岩波書店）ほか多数。

話芸の達人
西条凡児・浜村淳・上岡龍太郎

2018年9月20日　第1刷発行
2023年7月20日　第2刷発行

著者　　戸田学

発行人　　清水一人
発行所　　青土社
東京都千代田区神田神保町1-29　市瀬ビル　〒101-0051
［電話］03-3291-9831（編集）　03-3294-7829（営業）
［振替］00190-7-192955

印刷・製本　　シナノ印刷

装幀　　菊地信義

カバー写真提供　　河内義明・株式会社昭和プロダクション・上岡龍太郎

ISBN 978-4-7917-7093-9　Printed in Japan